Die Zukunft gehört den Mutigen.

WER, WENN NICHT ~~BILL?~~ WIR

SVEN BÖTTCHER

ANLEITUNG FÜR UNSER ENDSPIEL UM DIE ZUKUNFT

RUB|KON

Alle unsere Bücher durchlaufen eine umfangreiche Qualitätsprüfung. Sollten Sie in diesem Buch dennoch Tipp- oder Satzfehler finden, freuen wir uns über einen entsprechenden Hinweis an **korrekturen@rubikon.news**.

Die Deutsche Nationalbibliothek verzeichnet diese Publikation in der Deutschen Nationalbibliografie; detaillierte bibliografische Daten sind im Internet über **dnb.d-nb.de** abrufbar.

ISBN 978-3-96789-016-7
3. Auflage 2021 © Rubikon-Betriebsgesellschaft mbH, München 2021
Lektorat: Susanne George, Konzept und Gestaltung: Buchgut, Berlin
Druck und Bindung: Friedrich Pustet GmbH & Co. KG, Regensburg
Printed in Germany

JEDER MENSCH UNTER DREISSIG,
DER ÜBERHAUPT ETWAS ÜBER DIE
BESTEHENDE SOZIALE ORDNUNG
WEISS UND NICHT REVOLUTIONÄR IST,
IST NUR MITTELMASS.

GEORGE BERNHARD SHAW

WIRD DIE PANDEMIE UNS DIE TÜR IN
EINE BESSERE ZUKUNFT ÖFFNEN? […]
EIN NEUSTART IST EINE EHRGEIZIGE
AUFGABE, VIELLEICHT ZU EHRGEIZIG,
ABER WIR HABEN KEINE ANDERE WAHL,
ALS UNSER BESTES ZU GEBEN,
DIESE AUFGABE ZU BEWÄLTIGEN. […]
NICHT ZU HANDELN WÜRDE BEDEUTEN,
ZUZULASSEN, DASS UNSERE WELT
NIEDERTRÄCHTIGER, GESPALTENER,
GEFÄHRLICHER, EGOISTISCHER UND FÜR
GROSSE TEILE DER WELTBEVÖLKERUNG
EINFACH UNERTRÄGLICH WIRD. NICHTS
ZU TUN IST KEINE GANGBARE OPTION.

KLAUS SCHWAB

Was wird, was gibt's? Herbsturlaub, all inclusive, oder Bürgerkrieg, ebenso? Inflation oder Deflation? Aktien oder Wodka? Tesla oder Fahrrad? Saatgut oder Gold? Wo parken, wenn die Barrikaden brennen? Was horten wir im Vorratsraum, Armbrust oder Keule? Sind die Renten sicher oder sicher weg? Was ist morgen noch normal? Was wird? Was gibt's? Was nicht mehr?

Ein Gutes hat die Krise. In Sachen Zukunftsvisionen sitzt TINA, mit vollem Namen *There Is No Alternative*, seit Mitte 2020 auch auf dem abgelegensten Sofa. Konnte man vorher den zahlreich kursierenden Visionen noch problemlos lässig ausweichen, mit Hinweis auf »Kein Interesse«, »Keine Zeit« oder »Ich hab Netflix noch nicht ganz durch«, kommt seit Erscheinen der 2019er Corona-Variante SARS-CoV-2 um den Blick nach vorn niemand mehr herum. Und ob man dabei mit oder ohne hintergründige Zufälle oder Absichten visioniert und theoretisiert, ist fast nebensächlich – irgendeine Zukunft, wohl deutlich anders als die Vergangenheit, wird eintreten, und wir brauchen diesbezüglich wenigstens eine Vermutung, eine Ahnung, denn andernfalls können wir uns im Jetzt nicht angemessen verhalten[1] – ob es dabei um die Quantität unserer 2021er Klopapiervorräte geht oder um die Qualität unserer gefälschten Papiere.

Es ist nun bei diesen elementaren Zukunftsspekulationen völlig müßig, darüber zu streiten, ob unsere Reaktion auf die 2019er Corona-Variante angemessen war oder nicht (von PCR-ct-Zyklen bis Infektionsschutzgesetz, von Rettungspaket bis Impfgegnerächtung), denn selbst wenn sich herausstellte, *dass* wir unangemessen reagiert haben, änderte das nichts – unsere Zeitmaschine steht ja unverändert in der Zukunft geparkt, unerreichbar für uns. Unsere Reaktion *ist* bereits erfolgt, unabänderlich. Ob nun instinktiv, vernünftig, panisch, wie auch immer: Wir haben entschieden. Wie der Fahrer eines Autos, der auf einer vierspurigen Schnellstraße einem aus dem Straßenbegleitgrün auftauchenden Schatten (Waschbär? Kühlschrank? Wer weiß?) ausweicht nach links. Also in den Gegenverkehr, geradewegs in einen voll besetzten Bus. Der Schaden ist beträchtlich, aber es ist müßig, sich über die Sinnhaftigkeit dieses Manövers zu streiten, es ist ja passiert. Wir haben reagiert. Und wir reagieren weiter. Die Folgen unseres Handelns sind teilweise bereits eingetreten und treten weiter ein. Zwingend. Für die Welt, für alle Staaten, für jeden Einzelnen. Unsichtbar weit entfernt bedeutet das viel zusätzliches Leid, Tod und Verderben.[2] Nah oder persönlich bedeutet es endlose Einschränkungen, Jobverlust, Pleiten, womöglich die Eltern in deren letzten Lebenswochen nicht mehr zu sehen, Konditionierung und Traumatisierung der eigenen Kinder (Omamörder), Depressionen, Verlust von langjährigen Freundschaften, ausreichend Therapiebedarf für den Rest des Lebens. Im Zwischenraum, im näheren Kollektiv, der Gemeinde oder dem

Staat, bedeutet es nach der staatlich organisierten Insolvenzverschleppung sowie dem Ende der Rettungspakete de facto weitere »mit Wumms« (Olaf Scholz) aufgenommene Billionen Schulden[3] – eine wirtschaftlich neue, potenziell verheerende Situation. Dies gilt im Besonderen für Europa, noch mehr im Besonderen für die Bewohner unseres kleinen »Exportweltmeister«-Landes, das sein Bruttoinlandsprodukt zu 70 Prozent aus Dienstleistungen generiert, bekanntlich über nur bescheidene eigene Rohstoffreserven, dafür zahlreiche Außengrenzen (also so ganz und gar keine Insel ist), sich einen enormen Verwaltungsapparat gönnt und gewaltige Verpflichtungen gegenüber seinen bereits verrenteten und zeitnah in Rente gehenden Bürgern zu bedienen hat.

Auch eine wieder anspringende, weiterhin wachstumsorientierte Weltwirtschaft würde auf keine der drängenden Fragen, die bereits vor Covid im Raum standen, eine Antwort darstellen. Nun kommen, selbst im wohl von manchem insgeheim erträumten Rückfall in die »alte Normalität«, weitere Fragen hinzu, insbesondere die, ob und wie die hohen, neu von den Staaten aufgenommenen Schulden zu behandeln sind – sowie das nochmals eklatant steiler gewordene Gefälle zwischen Arm und Reich.[4] Schon vor der Krise war absehbar, dass bis zu 50 Prozent unserer derzeitigen Jobs in der ersten Welt im Zuge der Digitalisierung in naher Zukunft verloren gehen,[5] dass Kleinbetriebe untergehen, dass Arbeit und Freizeit zunehmend kontaktfrei stattfinden, schon vor der Krise war absehbar, dass wir gegenüber Big Data und Künstlicher Intelligenz (KI) eine erwachsenere Haltung benötigen als »Augen zu und durch (außer beim Selfie)«; schon vor der Krise war absehbar, dass wir mit unserem Ressourcenverbrauch so nicht weitermachen können, und dass Banken- und Finanzsystem sich von der Realität abgekoppelt haben und nur noch künstlich am Leben erhalten werden durch hemmungsloses Gelddrucken bzw. die Aufnahme immer höherer Schulden. All diese wirtschaftlichen und gesellschaftlichen Trends und Probleme hat Corona nicht verursacht, wohl aber »beschleunigt und wie unter einem Brennglas sichtbar gemacht«[6].

Kurz: Niemand kann es sich mehr leisten, keine Zukunftstheorie zu entwickeln. Es sei denn, er oder sie verließe sich darauf, dass Vater Staat oder einstweilen noch Mutti schon irgendwie alles weiter regeln wird, von der Frühverrentung bis zum hundertsten Geburtstag, und dass es genauso wie bisher weitergeht mit Bullshitjobs, Billigfliegern, SUVs auf Pump.

Aber wer sich darauf verlässt, liest hier ja gar nicht mit.

Dennoch wollen und können wir hier nicht alle einzelnen Szenarien im Detail darstellen. Konzentrieren wir uns stattdessen auf den verbleibenden Seiten auf die zwei wichtigsten zukunftsweisenden Pläne bzw. Verschwörungen.

Hierbei sei betont, dass es sich um Verschwörungs-*theorien* insofern nicht handelt, als eine Verschwö-rungstheorie mangels vorliegender Fakten erst einmal einer *Theorie* bedarf über eine *geheime* Verschwörung. Sind die Fakten bekannt (wie hier), bedarf es keiner Theorie, schon gar nicht, wenn einige der beteiligten Planer ihre Ziele öffentlich kommunizieren. Wo dies nicht der Fall ist, ich also theoretisiere oder spekuliere, ist das im Text deutlich ausgewiesen. Zweitens steht hinter jeder »Verschwörung« nicht nur Heimlichkeit, sondern eine »böse Absicht« (eine heimliche Verabredung zum Kuchenbacken im kleinen Kreis oder zur Solidarität mit allen Not leidenden Menschen würden wir wohl nicht »Verschwörung« nennen). Böse Absichten sind bei den beiden hier be-trachteten Plänen jedoch nicht zu unterstellen, im Gegenteil – beide Planungsteams verfolgen hehre Ziele. Den Begriff »Verschwörung« ver-wenden wir im Folgenden dennoch, sicherheits-halber, auf dass unsere Wachsamkeit für etwaig lauerndes »Böses« uns auf dem Gedankenweg erhalten bleibe.

WIR LIEGEN HEUTE DEN KÜNFTIGEN
GENERATIONEN AUF DER TASCHE
UND HINTERLASSEN IHNEN EINEN MIT
SEHR HOHEN KOSTEN VERBUNDENEN
EXPLOSIVEN MÜLLEIMER, WÄHREND WIR
GLEICHZEITIG VERHINDERN, DASS SIE
VON IHRER ARBEIT LEBEN KÖNNEN.

PAUL JORION

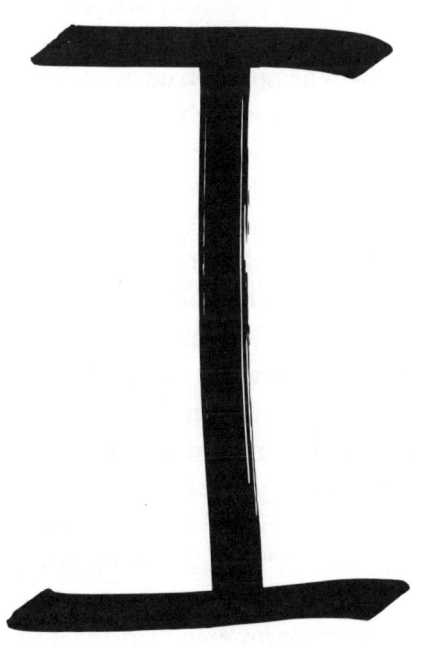

I. DIE VERSCHWÖRUNG DES TEAM BILL

Verschwörungstheorie Nummer 1 zufolge plant eine Gruppe von einflussreichen Gutmenschen, angeführt von Multimilliardär Bill Gates, derzeit nichts weniger als eine neue Weltordnung, eine »neue Normalität« mittels Neustart, Umbruch, wahlweise »Great Reset«. Diese Verschwörung verfolgt ein gutes Ziel, richtet sie sich doch gegen den autodestruktiven Kern unseres heutigen globalen Zusammenlebens, gegen unsere Art zu wirtschaften und gegen unsere Art, miteinander umzugehen. Vorgesehen ist, so Bills Weggefährte Klaus Schwab, Gründer des World Economic Forum (WEF), die Abschaffung des Kapitalismus in seiner bisherigen Form, da die neoliberale Doktrin »tot« ist: »Den Gnadenstoß versetzte ihr [...] Covid-19«[7]. Die »Tyrannei des BIP-Wachstums«[8] sollte damit ebenfalls Geschichte sein. Die »kreative Zerstörung« der Weltwirtschaft, Neustart und Reset erscheinen aber Team Bill nicht nur unvermeidlich, sondern sogar wünschenswert. Für eine bessere Welt. Zu unserem eigenen Besten, denn der bis Covid eingeschlagene Weg war nicht zukunftsfähig. Jede Fortsetzung dieses Weges hätte uns über kurz oder lang ins Chaos geführt und/oder unseren Planeten unbewohnbar gemacht.

Für unsere Betrachtung ist unerheblich, wie groß oder wie divers Bills Team tatsächlich ist[9], gleichfalls unerheblich ist hier, ob ihr prominentester Anführer ein wohlmeinender Philanthrop ist oder ein bisschen verrückt (weil er seine geschäftlichen Erfolgsrezepte etwas zu leichtsinnig auf die Gesamtzielgruppe Menschheit überträgt). Darüber ließe sich trefflich spekulieren, aber hier unterstellen wir unserem neuen Vordenker eben nicht finstere, sondern gute Absichten. Das von Bill und seinen Freunden gewünschte Ergebnis ist auch ohne jede unterstellte Arglist weltverändernd, daher wollen wir die Betrachtung hier nicht durch Atteste verwässern. Sondern es bei der Einschätzung unserer nicht direkt von Bürgern gewählten EU-Kommissionspräsidentin belassen, dass wir es in Bill mit unserem nicht direkt von Bürgern gewählten Anführer zu tun haben, mit Ursulas Worten: »Thank you (Melinda and) Bill, for your leadership and dedication!«[10]

Diesen Dank kann man gar nicht groß genug schreiben. Denn ohne Bill und die von ihm so großzügig unterstützte Weltgesundheitsorganisation (WHO)[11], die von ihm unterstützte Johns Hopkins University[12], die von ihm unterstützten Professoren Christian Drosten/Charité[13] und Neil Ferguson/Imperial College London[14] sowie unserer allzeit wachsam und ausführlich berichtenden Leitmedien (ebenfalls reich von Bill unterstützt)[15] wüssten 7,8 Milliarden Menschen vielleicht bis heute nichts von der herrschenden Pandemie, sondern würden noch immer völlig ungeschützt im Dunkeln tappen und irrtümlich annehmen, die »Grippe« wüte dieses Jahr schlimmer als in anderen schlimmen Grippejahren. Aber diesmal wissen wir, womit wir es zu tun haben, dank Bills feiner Antennen und Programme haben wir den heimtückischen Feind schon im Keim erkannt und bei seiner Entstehung geortet[16].

Bills Teamgefährte, Weltchefökonom Klaus Schwab, unterstreicht diese Ortungsleistung explizit, denn die 2020er Corona-Variante stellt »weder eine existenzielle Bedrohung noch einen Schock dar, der die Weltbevölkerung für Jahrzehnte prägen wird«, habe sie (Stand Ende Juni 2020) doch nur »den Tod von weniger als 0,006 Prozent der Weltbevölkerung gefordert.[17] [...] An der Spanischen Grippe starben 2,7 Prozent [...], und dem Schwarzen Tod (1347–1351) sollen zwischen 30 und 40 Prozent der damaligen Weltbevölkerung zum Opfer gefallen sein.« – Pandemien dieser Güteklassen bedeuteten umgerechnet auf heutige Verhältnisse 24 Millionen Tote (Spanische Grippe) beziehungsweise 2,5–3 Milliarden Tote (Schwarzer Tod). Bills mit so enormem Einsatz finanziertes Ortungssystem ist mithin ein echter Geniestreich, denn es erkennt schon im Ansatz sogar sehr kleine Pandemien, die man bislang unter Einsatz nur des normalen Menschenverstandes gar nicht erkennen konnte. Aber Bill hat es geschafft, und so konnten wir reagieren. Und es sieht so aus, als hätten wir mit unseren Maßnahmen tatsächlich etliche Covid-Tote verhindert, weltweit. Sollte am Ende eine globale Übersterblichkeit von etwa 1 Million stehen bleiben, läge das allerdings weder an Covid noch an den wegen/gegen Covid getroffenen Maßnahmen, sondern entspräche nur allen statistischen Vorhersagen, die globale Übersterblichkeit wird also auch 2021 und in allen darauffolgenden Jahren wieder etwa plus 1 Million betragen, selbst wenn alle Coronaviren mit sofortiger Wirkung verschwänden[18]. Aber es hilft natürlich, gegen alle Viren alles Erdenkliche zu unternehmen.

Ganz sicher können wir sein, dass Bill die Weltanführerschaft nicht allein aus egoistischen Gründen anstrebt. Bill mag die Menschheit, aber er geht aufgrund der Datenlage davon aus, dass diese nicht aufhören wird zu wachsen, alles kahl zu fressen und generell immer mehr zu wollen. Kurz: alles zu zerstören und zu vernichten. Die Erde. Uns selbst. Das ist Bills wichtigstes Thema. Bill ist ja nicht nur *der* weltweit führende Fachmann in Sachen Impfen, sondern weiß auch, wie wir die Klimakatastrophe verhindern können und müssen. Die Marschroute zur fixen Null-Emission hat er uns Ende Februar 2021 in Buchform vorgelegt[19], aber als aufmerksame Leser seiner Unmengen *Notes*, seiner Anmerkungen zu *allen* wichtigen Daseinsfragen[20], waren wir schon vorher gut informiert. Bill weiß: Wir, 7,8 Milliarden Menschen, demnächst 10, vielleicht 12 oder 18, steuern ungebremst auf einen unbewohnbaren Planeten zu, ob nun wegen 2, 4 Grad oder 8 Grad Erwärmung oder, ebenso wahrscheinlich, weil sich die industriebefeuerten neokapitalistischen Regimes von den USA bis China im Kampf um Öl, Gas und Wasser zeitnah nuklear aneinander verschlucken.

Bill weiß, dass wir (Menschheit) uns in einer schwierigen Situation befinden. Dass wir den Planeten zu sehr beanspruchen (ganz gleich, für wie groß man den Anteil des Menschen am CO_2-Gehalt hält); dass wir zu viel Plastik in die Meere schmeißen; dass wir viel zu viele Tiere essen, viel zu viele Wälder deshalb abfackeln; dass allein »grünes Wachstum« nicht ausreicht. Bill weiß (und ist sich diesbezüglich einig mit allen anderen halbwegs klugen Menschen), dass die Ungleichgewichte in der Welt zeitnah zu einer tatsächlichen Katastrophe führen werden. Bill dürfte genickt haben zu Bernie Sanders' berechtigtem Hinweis im Wahlkampf 2016, wir würden in Zukunft gewaltige Migrationsbewegungen erleben wegen zunehmender Dürren, es gehe daher längst nicht mehr nur um Öl, Gas und das neue, blaue Gold Wasser. Sanders' Hoffnung aber, dieses Szenario könnten wir allein mittels einer Reduktion des CO_2-Ausstoßes abwenden, dürfte Bill insgeheim ganz entschieden nicht teilen. Muss er ja auch nicht. Bill muss ja niemandem das Blaue vom Himmel herunter in die eigene Tasche lügen, Bill muss sich keine heiße Populistenluft auf Weltklimakonferenzen um die Ohren pusten lassen, und er muss sich nicht wählen lassen. Er kann ohne Mandat regieren, wenn er das möchte. Oder es für erforderlich hält.

Und es ist erforderlich. Denn Bill möchte weiterleben. Er möchte erst recht, dass seine Töchter und sein Sohn weiterleben. Und zwar nicht in einem Bunker, während draußen, im leeren post-nuklearen Winter, niemand mehr ist. Und wenn die Welt sich nicht beherrschen kann, muss sie eben beherrscht werden. Von einem, der sie retten will und kann. Ihm. Wer soll das denn sonst machen wenn nicht er, der global an allem und allen Beteiligte, der reichste[21], einflussreichste Mensch auf Erden?

Sein ehrgeiziges Motto für 2020 hatte Bill in einer schriftlichen Neujahrsbotschaft allen Menschen per Blog bekannt gegeben. Dieses Jahr sollte wichtig werden. Denn 2020 ging es um den großen Schlag, den zu versuchen Freund Warren Buffett Bill von Anfang an geraten hatte: Das Ziel, metaphorisch aus dem Baseballspiel entlehnt, ist ein *Homerun*, ein Schlag über die Platzbegrenzung, den Zaun, und um den diesmal hinzubekommen, kündigte Bill an, 2020 alles in diesen einen Schlag zu legen. Im Wissen, dass man bei diesem riskanten Manöver natürlich den Ball ganz verfehlen kann, aber »schafft man es, den Ball voll zu treffen, winkt reicher Lohn«[22].

Und es ging bei diesem Schlag um alles. Darum, die Katastrophe zu verhindern, unseren Untergang abzuwenden. Bill hat erkannt, dass man hierbei nicht darauf bauen kann, dass Industrie und ganz normale Menschen sich plötzlich kollektiv selbst beherrschen. Dass sie das dringend Erforderliche tun, sich einsichtig zeigen, ihren Dauerwachstumsirrweg verlassen und global solidarisch werden. Im reichen Norden auf ihre Autos verzichten, ihre üppige Wurstauswahl und ihre Renten. Und im verarmten Süden – nach abgeschlossenem Studium – zu Hause bleiben und ihre eigenen Wüsten in blühende Landschaften verwandeln, statt schnurstracks auszuwandern und in den USA oder in Europa Karriere zu machen als Anwälte, Banker, Ärzte. Bislang gibt es für eine derartige massenhafte Einkehr von Vernunft keinerlei Anzeichen. Im Gegenteil. Bill geht also davon aus, dass die Mehrzahl der Menschen bei diesem existenziell notwendigen Verhaltenswandel nicht mitmachen wird. Nicht freiwillig. Appelle an die Vernunft führen erkennbar, nachweislich, zu nichts.

Es muss aber sein. Wir müssen uns ändern. Sonst gehen wir alle drauf. Und das will Bill nicht. Wie wir alle. Im Unterschied zu jedem anderen von uns allen kann er uns aber vor uns selbst retten. Dazu bedarf es klarer Absprachen und Regeln. Leitplanken und Einschränkungen. Freiheitsbeschränkungen. Kontrollen. Weitreichender Maßnahmen, um heranziehende zukünftige, *wirklich* gefährliche Pandemien im Keim ersticken zu können: »Ich denke, wir werden in den Jahren nach 2021 aus den Jahren nach 1945 lernen. Mit dem Ende des Zweiten Weltkriegs schufen führende Politiker internationale Institutionen wie die UNO, um weitere Konflikte zu verhindern. Nach Covid-19 werden die Staats- und Regierungschefs Institutionen erarbeiten, um die nächste Pandemie zu verhindern.«[23]

Bill formuliert wie stets charmant, die Erarbeitung von »Institutionen« (Genaueres gleich) solle der Politik vorbehalten bleiben, wenngleich eben nicht Politiker sämtliche modernen Seewege beherrschen, also die Datenwege, sondern er und seine Freunde. Spricht Bill von »Wir« – »Wir werden 7 Milliarden Menschen impfen« –, ist zwar nicht explizit benannt, wer »Wir« ist (wir *alle* sind sicher nicht gemeint), aber sicher *nicht* gemeint als Teile des »Wir« sind Politiker, wie Bill unterstreicht: »Man möchte nicht Politiker entscheiden lassen, welche Medikamente zugelassen werden sollten.«[24] Danke, Bill, für deine Offenheit und Entschlossenheit, wir (alle) sind deiner Ansicht, dass »Berufspolitiker« keinen Beruf haben, dass einige von ihnen zwar hehre Ideen hegen mögen, von links bis rechts, aber bestenfalls nur eine Ahnung davon haben, wie die Welt tatsächlich zusammenhängt, wer die Welt lenkt und gestaltet. Vielleicht glauben manche sogar, sie lebten in Demokratien. Es wäre nicht verwunderlich, denn sie repräsentieren ja tatsächlich ihre Volksgemeinschaften, und auch wenn in jenen ein deutlich höherer Anteil an Intelligenten zu vermuten ist als in der Politik, reichten den 90 Prozent beschränkten Vertretern ja 25 Prozent beschränkte Wahlberechtigte für jede absolute Mehrheit inkl. Grundgesetzänderungen nach Belieben. Noch braucht Bill daher Politik und Politiker, und als guter Anführer gibt er Menschen ohnehin gern das Gefühl, gebraucht zu werden.

Bill ist aber nicht nur Menschenkenner und Geschäftsmann, er ist auch Programmierer und denkt folglich lösungsorientiert. Zwar weiß er, wie jeder des Lesens fähige Mensch, dass wir mit den auf unserer gemeinsamen Erde zur Verfügung stehenden Flächen und unserer Innovationskraft wohl auch 10 oder 12 Milliarden Menschen satt bekämen – aber das nur bei einem kollektiven Wandel im Sinne von »fairer Verteilung«. Bill kennt unsere technischen Möglichkeiten. Aber er kennt auch unser Verhalten, denn das lässt sich aus Zahlen herauslesen, nicht aus Lippenbekenntnissen. Auf Zahlen dürfte sich also seine Arbeitshypothese stützen, wir seien nicht besonders helle. Dafür spricht natürlich auch seine Erfahrung, dass er mit seinem so erbärmlich programmierten Windows und Word solchen ungeheuren Erfolg hatte gegen qualitativ weit überlegene Konkurrenten, aber jetzt geht es um mehr, jetzt geht es um alles. Jetzt bedeutet »nicht besonders helle« nichts anderes als »gefährlich dumm«.

Den Beweis für seine These versucht er gerade weltweit zu führen, unterstützen lässt sich seine versuchte Beweisführung anhand ausgewählter Zahlen. (Dass ich im Folgenden vorwiegend deutsche Zahlen verwende, hat regionale Geburtstagsgründe, aus dem Ausland mitlesendes Publikum wird sicher häufig bemerken »Das können wir aber, bitte schön, auch!«; man nehme mir den dezenten biografisch bedingten *Bias* nicht übel.)

Tatsächlich ist Deutschland hier in mancher Hinsicht *primus inter pares*, nicht nur bei seiner weltweit einzigartigen monokausalen Erbsenzählerfixierung auf den sogenannten »Inzidenzwert«. Im internationalen Vergleich ragen die Deutschen in mancher Hinsicht heraus, insbesondere hinsichtlich ihrer tapferen, unverbrüchlichen Obrigkeitstreue. Die Deutschen akzeptieren klaglos ihren Status als Bewohner eines Niedriglohnlandes[25], ein im europäischen Vergleich erbärmliches Rentenniveau, eine extrem niedrige Besitzquote an Wohneigentum[26] und die weltweit höchsten Energiekosten für private Haushalte[27] infolge einer missratenen Energiepolitik, die sie sich dann selbst auch noch als »Wende« schönreden. Aber auch in viel grundsätzlicherer Hinsicht ragen die Deutschen nach oben heraus als herausragend verwöhnt, herausragend ängstlich, herausragend sentimental und herausragend verlogen. Worte, Fernsehbilder und Zahlen legen davon beredt Zeugnis ab, nicht nur mittels geschönter Energiebilanzen der Jahr für Jahr mehr Kohle verfeuernden Windradaufsteller, die neben den Bewohnern der USA global den meisten Müll pro Kopf produzieren (und exportieren). Die Deutschen sind aber nicht nur in dieser Hinsicht konsequent inkonsequent. Sie kaufen sich Stofftiere, um Knut und alle anderen Eisbären zu retten, und dann kaufen sie sich ein neues Auto. Die Deutschen begrüßen alle Flüchtlinge am Bahnhof (mit Knut-Stofftieren) und schauen dann weg, wenn Frontex richtig loslegt. Die Deutschen schicken ihre Kinder *Fridays for Future* auf die Straße, buchen dann Fernreisen und kaufen Schiffsbeteiligungen sowie jedes Jahr ständig mehr SUVs. Kreuzfahrten gehen sowieso immer, mit Knutstofftier im Koffer. Bills deutsche 75-Prozent-Zielgruppe predigt besonders energisch Wasser und säuft Wein. Bills deutsche Zielgruppe schaut Rezos Videos und wählt der CDU einen grün lackierten, neoliberal auf strammes Wachstum gerichteten Panzerarm als Regierungsjuniorpartner. Bills Zielgruppe will nicht denken, sondern an den Pool, all inclusive. Bills Zielgruppe will zwecks Selbstoptimierung, wahlweise Selbstverwirklichung, aufs Laufband oder morgens zum taufrischen Sonnengruß. Und/Oder Spaß haben. Tanzen, saufen, vögeln, ansonsten aber, und auch das hebt sie aus der großen Völkergemeinschaft heraus, »nur das Übliche«: Eigenheim, alle zwei Jahre ein neues Auto, angeschafft mit staatlicher Schrottprämienhilfe, nie eine Arztrechnung sehen oder gar selbst bezahlen, Staatsschule und Uni für die Kleinen und Mittleren, staatsversicherten Rentenanspruch und der Rest auch: Vollkasko. Niemand ist so unselbstständig und zugleich verwöhnt wie wir. Niemand hat so viele Autobahnen, niemand so viele Intensivbetten. Aber wir »Exportweltmeister« sind eben auch weltweit diejenigen, die am meisten zu verlieren haben.

Deshalb erscheint Deutschland als ideales Terrain, um zu testen, wie weit die Mehrheit der

Bevölkerung im Angstfall mitgeht bei einer weitreichenden Abschaffung von Grundrechten und der Einführung von massiven Überwachungs- und Zwangsmaßnahmen. Überdies erscheint Deutschland auch aufgrund historischer Indizien als bester Ort für die freiwillige Selbstkontrolle, schließlich sind hier im Lauf des vergangenen knappen Jahrhunderts gleich zwei verblüffend rigide Kontrollregimes erblüht, mit Leidenschaft vorangetrieben und erhalten von Millionen fleißiger und hochbegabter Denunzianten. Diese Freude am Kontrollieren erstreckt sich folgenreich sogar hinein ins Unbekannte, bis an den Rand des Jenseits, denn wenn Corona klopft, wollen und werden wir jedes! Leben! retten! Auch das jedes hundertjährigen Polymorbiden. Die Geschichten, die uns von diesen uralten Verstorbenen erreichen, schockieren uns. Rühren uns zutiefst. Das könnte auch uns passieren! Ja, sogar unsere so unbeschwerten, kerngesunden, eben noch kregel die Blumenbeete wendenden hundertjährigen Eltern könnten urplötzlich von Corona dahingerafft werden, herausgerissen aus unserem Leben in der Spätblüte ihres eigenen! Unser Mitgefühl bringt uns förmlich um. Gefühl ist gut. Verstand ist schlecht. Hart und gemein. Der Verstand soll auch draußen bleiben. Das *darf* nicht passieren! Unsere Lieben dürfen nicht sterben! Auch nicht mit neunzig oder hundert Jahren! *Nie*.

Dahinter steckt nun eine beileibe nicht exklusiv deutsche Lust am Kontrollieren, zugegeben.

Die Weigerung, den Tod als unvermeidlich hinzunehmen, verbindet die Mehrzahl der Bewohner der ersten Welt; die Weigerung zu akzeptieren, dass alle, die wir lieben, sterben werden, dass wir selbst sterben werden und dass uns der Tod alltäglich droht. Wir sprechen darüber nicht. Uns ist »zuletzt auch die Fähigkeit abhanden gekommen«, mit »irgendeiner realistischen Einstellung zum Tod zu sterben«[28], daher hat der Tod in unseren Leben keinen Platz. Den werden wir demnächst einfach besiegen. Es werden demnächst auch nicht mehr 3 von 4 Europäern und Amerikanern an Krebs sterben. Es werden auch nicht mehr 4 von 4 Europäern und Amerikanern an *irgendwas* sterben. Sondern bestimmt gar keiner mehr. Auch diese echte, dauernde Todespandemie werden wir besiegen. Weil unsere Wissenschaftler ewig haltbare Zellen erfinden. Oder wir uns einfach alle in die Cloud hochladen. Google macht das schon. Und bis dahin optimieren wir uns halt selbst. Wir schaffen das. Wir blenden tatsächlich vollständig die Tatsache aus, dass wir alle sterblich sind. Und dass die Sterbensgefahr mit zunehmendem Alter exponentiell wächst. Dass wer auf die hundert zugeht, wahnsinnig gefährlich lebt.

Die »ultimative Erfüllung des zivilisatorischen Kontrollprogramms«[29] bleibt uns indes versagt (»Noch! Wart's nur ab!«) – aber wir kennen Mittel und Wege, uns unseren Triumph erfolgreich vorzutäuschen. Weniger ist hier mehr. Daher verbergen wir unsere Leichname. »Das Leben in der Großstadt wirkt so, als ob niemand mehr stürbe.«[30] Wir halten den Fetisch der Jugendlichkeit hoch bis ins höchste Alter, murmeln das Unvermeidliche unter den Tisch, verfrachten immer mehr Eltern (unschön von oben herab: Hochbetagte, Risikogruppen) in Heime[31] und ignorieren en passant, dass zeitnah drei Vertreter der »Kindergeneration« (15–64 Jahre alt) einen Vertreter der »Elterngeneration« werden betreuen müssen, aber schon heute zu wenige der Jüngeren dazu bereit sind[32].

Wer indes die Sinnhaftigkeit und Moral des vergeblich todesverachtenden Abschieben-und-Augen-Zu auch nur leise infrage stellt und gar eventuelle »Kollateralschäden« zu bedenken gibt, wird umgehend niedergekeult als ausgemachter Nazi oder Euthanasiebefürworter. So klatscht man wirksam alle Kritiker an die Wand, hernach sich selbst noch ein bisschen selbstbegeisterten Applaus (die erschöpften Pfleger bekommen auf dem Nachhauseweg auch was ab), ruft dann allerdings parallel sofort nach Mutti respektive »dem Staat«. Der die entstehenden Schäden begleichen soll. Alle. Von Kunst bis Kegel. Dass die hierzu erforderlichen Billionen-Kredite plus Zinseszinsen von den Kindern abbezahlt werden müssen, geschenkt, man/frau hat ja eh keine Kinder.

Bill hält sich diesbezüglich allerdings sehr zurück mit seinen Äußerungen, denn an der Verweigerungshaltung hat er ja mitgewirkt, an der

Vorstellung, für und gegen alles gebe es ein Programm, nichts sei unlösbar, alles kontrollierbar. Tatsächlich scheint Bill das sogar selbst zu glauben und liebäugelt mit der Unsterblichkeit, denn in seinem Team befinden sich auch einige Transhumanisten (zu denen kommen wir etwas später noch). Bill behält seine mit KI und Transhumanismus verbundenen Hoffnungen aber lieber für sich, denn die angestrebte Unsterblichkeit wäre ja keinesfalls für alle zu haben – wohin sollte *das* denn führen, auf einem überlasteten Planeten?

Es wäre deprimierend für alle, wiese Bill nun auch noch darauf hin. Regelrecht unmenschlich. Und Bill ist doch lieber ganz Mensch. Anders als wir blendet er Not und Elend nicht aus, sondern unternimmt etwas dagegen. Indem er hilft. Den Ärmsten der Welt (die Bill ja zumindest schon mal gesehen hat, im Gegensatz zu uns). Dass alle fünf Sekunden ein Kind verhungert, ist jedermann bekannt. Dass jedermann und -frau helfen kann, das zu verhindern, ist ebenso bekannt. Die Staaten und Industrien der Welt unternehmen keinerlei Anstrengungen, das zu tun. Im Gegenteil. Der globalen Gesamtsumme der Entwicklungshilfeleistungen stehen von den Empfängern zu leistende Schuldendienste in zehnfacher Höhe gegenüber[33], das heißt, für jeden gespendeten Dollar bekommen die Geberländer aus den von ihnen bedachten Ländern satte zehn Dollar zurück[34], nach etwa sechs Wochen ist das Geld also wieder bei uns, das im Verlauf des Restjahres eintrudelnde Zehnfache ist unser Entwicklungshilfegewinn. Konservativ geschätzt. Andere Rechner kommen auf noch günstigere Zahlen: »Die Spenden, die von allen Hilfsorganisationen des Nordens in einem Jahr zusammengebracht werden, sind nach zwölf Tagen wieder bei uns.«[35] (Michael Schmidt-Solomon) Unsere Hilfe nimmt aber angesichts global zunehmender Probleme nicht zu, sondern ab, ist also anteilig rückläufig. Wir und die anderen 33 reichsten Nationen dieses Planeten wenden für Entwicklungshilfe nur mehr 0,29 Prozent unseres Bruttoinlandsproduktes auf.[36] Damit verfehlt die Gemeinschaft der »Geberländer« ihr selbst gesetztes Minimalziel (0,7 Prozent) gehörig, die Deutschen aber bleiben noch weit unter diesem Wert und erreichen nicht einmal den OECD-Durchschnitt von 0,4 Prozent. Sondern nur 0,38 Prozent.[37]

Wo solch staatlich organisierte Hartherzigkeit augenfällig wird, greift der empathische Einzelne natürlich selbst ein. Und in die Tasche. 5 Prozent vom eigenen Brutto, freiwillig, sind nach Ansicht von Bill (und Warren)[38] das Mindeste, es dürfen auch gern 10 Prozent sein. Der Ausdruck unseres Mitgefühls lässt sich auch hier problemlos aus den Zahlen herauslesen. 5 Prozent schafft niemand. 2 Prozent auch nicht. Einige Staaten erreichen über »1 Prozent vom Brutto«, angeführt von den USA mit 1,8 Prozent des BIP. Deutschland ragt heraus, nach unten, und kommt auf 0,13 Prozent[39], Tendenz stetig sinkend. Der Anteil jener, die hierzulande überhaupt freiwillig etwas abgeben, liegt bei 35 Prozent, unter den älteren Semestern (>60) trennt sich zumindest jeder Zweite (53 Prozent) ab und zu von einem Euro, unter den Jüngeren (<30) hingegen helfen nur mehr 19 Prozent mit. Dieser Geiz ist indes keine Folge eigener Armut. Die deutschen Reichen (Jahreseinkommen über 500.000 Euro) kommen auf durchschnittlich 1,9 Prozent Spendenhöhe, aber das schaffen auch unsere Armen, und zwar noch weit besser und mitfühlender: mit 2,2 Prozent vom Brutto. Wer es hingegen nicht schafft, sind die meisten: Der Mittelstand kennt hier kein Erbarmen – und verharrt bei 0,7 Prozent[40], wohl aus jenem Grund, den schon die weiland populäre Freifrau Marie von Ebner-Eschenbach kannte: »Man kann nicht allen helfen, sagt der Engherzige – und hilft keinem.«

Unsere grandiose Ansage: »Wir tun alles, um Leben zu retten!« meint also, klar, bitte, unausgesprochen, wir sind doch alle erwachsen: im Rahmen unserer Möglichkeiten, unserer Sachzwänge und Komfortzonen. Alles hat ja Grenzen. Und natürlich ist uns die neunundneunzigjährige Frau Schneider aus der Poststraße 12 näher als jedes N. N.-Kind aus Sonstwo, Afrika, man ist doch wohl nicht gleich ein Unmensch, wenn man diese Triage täglich durchzieht. Das ist nur menschlich. Wobei, zugegeben, die Frau Schneider aus Detmold ist uns auch nicht ganz so wichtig wie Frau Schneider aus der Poststraße, und die ist uns natürlich nicht so wichtig wie unsere eigenen

Eltern in ihrem Heim, aber *die* wollen wir wirklich retten. Auch vor uns, deshalb gehen wir da ja nicht mehr hin, aber mit alldem ist ja nun wohl wirklich nicht gesagt, dass nur Festangestellte und Verbeamtete 55+ mit weiter vollem Lohn vor lauter Höllenangst nur um ihr *eigenes* Leben diese ganzen knallhart vernünftigen Maßnahmen durchziehen und jedem Freiberufler, der flüstert »Ich bin ruiniert für immer«, auf dem Weg in den Suizid noch einen Schlag mit der Verschwörerkeule mitgeben. Wir tun halt, was wir können.

Natürlich weiß Bill: Verlogen und hartherzig sind andere Völker auch, konservative Kreise vertreten global generell gern die Ansicht, jeder sei, völlig unabhängig von seiner Herkunft, seines Glückes oder Peches Schmied, ganz gleich, ob er zum Rennen an die Spitze aus den Suburbs oder den Slums antritt, ob im Ferrari oder in Sandalen. Deutschland ragt aber auch in dieser Hinsicht hervor, denn während anderswo politisch »linke« Elemente tatsächlich Solidarität mit den Schwachen zumindest pro forma auf ihre Fahnen schreiben, ist die deutsche Sozialdemokratie von international beispielloser Gnadenlosigkeit. Die Durchsetzung der Hartz-IV-Gesetze hat Bill wohl zur Kenntnis genommen, die Aussagen der sozialen Parteivorsitzenden erst recht: »Wer nicht arbeitet, soll auch nicht essen.« (Franz Müntefering) Das sind starke Voraussetzungen. Denn hier tritt eine Geisteshaltung zutage, die für Bills Versuch elementar ist. Erinnern wir uns an seine hypothetisch zugrunde liegende Annahme: Die Rettung der Welt kann nur gelingen, wenn die Menschen sich vernünftig verhalten, wenn sie weniger wachsen, weniger produzieren, weniger arbeiten. Dass deutsche Industrie und deutsche »Arbeiterpartei« hier strikt Hand in Hand Richtung Weltzerstörung marschieren, kommt Bill im Rahmen seines Experimentes entgegen. Schließlich weiß er ja, dass er die Welt nicht retten kann, wenn er nicht auch die Industrie unter seine Kontrolle bekommt und weitgehend vernichtet oder abschaltet.

Und wieder bietet sich Deutschland experimentell an. Denn der Einfluss der deutschen Industrie auf das globale Geschehen ist entgegen ihrer geschönten Selbstberechnungen vergleichsweise gering und leicht zu beenden. Die »deutsche« Industrie agiert global, wobei Wertschöpfung und Produktion größtenteils längst ins Ausland verlagert sind, es halten im Ernstfall keinerlei etwaige Rohstoffvorkommen als »deutsch« empfundene Unternehmen im eigenen Lande. Das tatsächlich inländisch erzeugte BIP wird primär aus Dienstleistungen im Binnenmarkt generiert sowie von einem aufgeblasenen Staatsbeamten- und Verwaltungsapparat. Deutschland hat keine Zukunftsindustrie (abgesehen von SAP), Netzqualität und -abdeckung befinden sich knapp unter albanischem Niveau, wenig verwunderlich, war dieses ganze seit 1990 zukunftsentscheidende »Internet« doch unlängst noch für die führende deutsche

Politik reines »Neuland«. Wirtschaftlich stark ist Deutschland nur dank seiner gewachsenen Kleinheit. Wegen seines Mittelstandes. International erfolgreich, aber eben auch im Fall des Wegfallens international entbehrlich. Unentbehrliches für die Staatengemeinschaft hat Deutschland in keiner Hinsicht zu bieten. Kein Öl. Kein Gas. Aber auch kein Google, Apple, Facebook, Amazon.

Für Bills Experiment ist auch diese Entbehrlichkeit wichtig. Denn gelingt sein Experiment, kann Deutschland bestehen bleiben, wenn auch auf kontrolliert niedrigerem Niveau, jedenfalls totalüberwacht, rund um die Uhr getrackt und alljährlich neu geimpft. Aber es wäre eben auch nicht dramatisch, wenn Deutschland unterginge. Bill weiß: Deutschland hält sich selbst für bedeutend, verschätzt sich aber hierin um diverse Größenordnungen. Die Bewohner des kleinen Landes (1 Prozent der Weltbevölkerung) sind sich dessen sowie diverser anderer Dinge offenkundig selbst nicht im Geringsten bewusst. Deutschland ist jung, jünger sogar als die jungen USA. Deutschland ist keine Nation. Der »Deutsche« hat nicht mal einen richtigen Namen, der auf seine geografische Herkunft weist, »Deutsche« ist, einmalig in der Welt der Sprachen und Länder, ein substantiviertes Adjektiv. Gebildet aus »tiudisk«, was eben nicht mehr bedeutete als »der Hochsprachen (Griechisch, Lateinisch) nicht mächtig«, auf *Deutsch*: ungebildet. Weshalb es auch den »Deutschen« international gar nicht gibt. Der

»Dutch« ist Niederländer, man behilft sich für den Bewohner des nebenan gelegenen Landstriches der Bezeichnung »Germany«, wegen der einst im Norden lebenden Germanen, oder eben, weil die Alemannen weiter südlich auf dem erst seit 1860 zusammengeflickten Gebiet herrschten, der »Alemans«. Kürzer gesagt: »Deutschland« gibt es nicht. Ein Auseinanderfallen der eigenständigen kleinen Fürstentümer und Länder, die sich erst vor einem historischen Wimpernschlag zu einem »Bund« zusammenfanden, wäre daher keine große Sache. Für die Welt. Für die »Deutschen« vielleicht schon. Aber vielleicht auch nicht. Jedenfalls würde ein solches Auseinanderfallen für die großen Nationen keinen Unterschied machen, von China bis Indien, von Frankreich bis England, von Spanien bis zum – Sonderfall – der Vereinigten Staaten von Amerika.

Die bestehende Gemengelage jedenfalls erlaubt es Bill nun, sein Experiment vergleichsweise ungestört zu veranstalten, es bedarf nur etwas mehr gut dosierter Panikmache und weniger »Nudges«, also »Stupser«, um große Teile der Bevölkerung mit dem Versprechen erhöhter zukünftiger Sicherheit zur Abgabe ihrer Grundrechte zu bewegen, zur freiwilligen Dauerimpfung und zur Überwachung jedes Einzelnen, um Gefahren von der Gemeinschaft abzuwenden. Offensichtliche staatliche Überwachung und Kontrolle sind hierbei nur bedingt erforderlich, Deutsche kontrollieren sich leidenschaftlich gern gegenseitig, temporär auftretende Störenfriede werden ebenfalls von der Bevölkerung selbst als Rechtsradikale, Verschwörungstheoretiker oder Heilpraktiker verunglimpft und mundtot gemacht, deren Beiträge und Kanäle werden assistierend von den reichweitenstarken Plattformen gelöscht.[41] Aber selbst wenn einzelne Störenfriede plötzlich von Millionen wahrgenommen und »gelikt« werden, gefährdet dies das Experiment nicht. Ganz gleich, wer die Deutschen zum Widerstand aufruft, dieser Rufer muss ihnen allen, unausgesprochen, für das »Danach« die Wiederherstellung ihres vorwiderstandlichen Wohlstandes zusagen. Bill weiß aber, dass diese Wiederherstellung aufgrund der bereits eingetretenen und zeitnah noch folgenden massiven wirtschaftlichen Verwerfungen unmöglich ist. Daher würden eben diejenigen Widerständler, die am lautesten, ohne jede Bedingung nach »Freiheit!« rufen und die meisten Anhänger hinter sich versammeln, spätestens nach Erreichen ihrer Ziele von ihren Gegnern wie von ihren eben noch glühenden Anhängern gleichermaßen gehasst und verfolgt werden. Der erfolgende Schulterschluss der bitter von Politikern wie Widerständlern enttäuschten Massen bildet also den harmonischen Endpunkt des Experimentes, ausdauernde gegenseitige Vorwürfe der Deutschen untereinander inklusive. Der eigentliche Veranstalter des Experimentes verschwindet unter diesen gegenseitigen Schuldzuweisungen der Probanden endgültig aus dem kollektiven Blick.

Gelingt Bill nun der Beweis, dass die weltweit erforderliche Beherrschung der Massen exemplarisch in Deutschland herstellbar ist, sind die Tore vorbildlich geöffnet auch für die weniger verwöhnten Nachbarn der Probanden. Wir wollen an dieser Stelle nicht vertiefen, dass einige schneller als andere begeistert sein werden von Staatskontrollen. Diese weiteren Verlaufsvorhersagen sind nicht Gegenstand der hier aufgestellten Arbeitshypothese.

Die nun abermals, in erweiterter Form, vorgetragen sei: Bill will nicht nur sich selbst vor uns retten, sondern uns alle vor uns selbst. Zu unserem eigenen Besten, unserem eigenen Überleben. Bill weiß, assistiert von Klaus, wie man alles lösen kann. Das Problem ist nur, dass insbesondere die frei, demokratisch und verwöhnt aufgewachsenen Bewohner der EU und der USA wohl nicht ohne Weiteres bereit wären, all ihren Besitz herzugeben, nie wieder Schnitzel zu essen und nie wieder in den Urlaub zu fahren. Ordnete man das einfach an, als vorausgedachte Weltregierung, oder schlüge es auch nur vor, wären die Widerstände gewaltig. Weder die erforderliche Abschaffung des längst faktisch entwerteten Bargeldes und der Ersatz dieses Geldes durch reines Giralgeld, also schlichte Zahlenbehauptungen im virtuellen Raum, ließe sich vermitteln, noch die Reduktion des Altersruhegeldes für *alle* (auch alle Pensionäre) auf eine existenzminimale Grundsicherung. Schon gar nicht vermitteln ließe sich, dass jeder

Einzelne, hochverschuldet mit durchschnittlich 30.000 Euro/Dollar pro Kopf, im Moment des historischen Schuldenschnittes nicht nur seine Schulden los wäre (jubilate!), sondern auch jegliche Hoffnung, *jemals* wieder etwas besitzen zu dürfen (äh, was?!).

Kommunizierte Team Bill diesen Plan offen, würden sich förmlich über Nacht allerorten, europaweit, weltweit, »Gelbwesten«-Äquivalente formieren, würden Populisten und Nationalisten mittels billiger Feindbildzeichnungen und Wohlstandsversprechen einzelne Länder aus bestehenden Staatengemeinschaften heraussprengen und am Ende gar auf die Idee kommen, wieder eigene Währungen zu drucken. So aber geriete der von Bill und seinen Freunden durchaus beabsichtigte Kollaps der weltverzahnten Wirtschaftsordnung vollends chaotisch, inklusive des ungeordneten Zusammenbruchs von Banken- und Finanzsystem.

Das darf nicht passieren.

Ordnung muss sein, auch im Zusammenbruch.

Daher darf es keinen Widerstand geben. Keine Gelbwesten. Keine Populisten in den Parlamenten. Keine Massendemonstrationen auf den Straßen. Keine Glutnester in der Pampa, unter jedem Radar, in denen sich die Gegenrevolution formiert.

Um nun jeden denkbaren Widerstand schon im Keim zu ersticken, muss dem Menschen zunächst die Freiheit genommen werden, mit der er bisher nachweislich ohnehin nichts weiter anzufangen wusste, als sie egoistisch einzusetzen dem direkten Mitmenschen gegenüber wie gegenüber allen fernen Mitmenschen da draußen auf der Welt. »Uns« diese Freiheit zu nehmen, beschreibt aber nicht nur die Beschränkung der individuellen Freiheit, das »uns« ist umfassend. Das Ende der Individualfreiheit geht Hand in Hand mit dem Ende der Freiheit der Staaten wie der Wirtschaft wie der Banken, nach Gutdünken den Planeten zu zerstören. Die initiierte Neuordnung wird infolge des bevorstehenden geordneten Zusammenbruchs von Wirtschafts- und Finanzordnung allumfassend sein.

Für das Individuum kommt das Ende der Freiheit allerdings als Segen daher, deklariert als solidarische Transparenz zum Nutzen der Gruppe, und diese Gruppe ist die gesamte Menschheitsfamilie. Die herrschende, alles beherrschende »Pandemie« inklusive Bills Begeisterung für das Durchimpfen der ganzen Weltbevölkerung (zur Erinnerung seine markigen Worte: »Wir werden 7 Milliarden Menschen impfen.«)[42] ist der guten Sache hierbei höchst dienlich, und es ist für uns ganz unerheblich, ob und inwieweit Bill virale Vorkenntnisse hatte oder Einfluss nimmt auf den Kurs der WHO oder auf die weltweite mediale Berichterstattung (was bei seinen in jüngerer Vergangenheit gespendeten 250 Millionen Dollar an die »vierte Gewalt« zumindest nicht glattweg auszuschließen ist).

Entscheidend ist hier: Unsere gelebte gemeinsame Antwort auf die »Pandemie« hat längst

Fakten geschaffen – inklusive eines Narrativs, einer neuen Weltsicht, die Bill dient. Entscheidend ist, wie stets, unsere Wahrnehmung, die Story, die wir einander erzählen und an die wir glauben.

Wir glauben diese Story jetzt. Wir glauben an die Pandemie. Wir glauben: Die Pandemie bedroht jeden Einzelnen. Der Feind ist ein Virus. Viren, von nun an potenziell alle, sind tödlich. Noch dazu unsichtbar. Uns droht der Tod. Aber wir glauben auch: Wir können massenhaft Tode verhindern. Wir glauben jetzt, dass man gegen intelligente, sich permanent anpassende Viren wie die uns seit den 1960er Jahren bekannten Coronas wirksam impfen kann. Wir glauben, dass man diese Impfstoffe binnen sechs bis zwölf Monaten wirksicher und nebenwirkungsfrei entwickeln kann. Aber Bill tut gut daran, die Hoffnung auf die allrettende Kraft seines Steckenpferdes nicht zu groß werden zu lassen. Denn es wird dauern: »Monate – oder sogar Jahre – 7 Milliarden Dosen herzustellen (oder möglicherweise 14 Milliarden, wenn es ein Mehrfachdosen-Impfstoff wird), und wir sollten mit der Verteilung beginnen, sobald die ersten Lieferungen bereitstehen.«[43]

Wir brauchen daher einen langen Atem. Anderthalb Jahre. Für den Anfang. Mindestens. Selbst mit den mRNA-Impfstoffen.

Vergessen wir nicht: Alles, was 2020 kommen sollte und nach 2020 kommen wird, hat Bill vorhergesehen. Und er hat es uns mitgeteilt, bereits im April 2020: »Auch wenn die Regierungen die Selbstquarantäne aufheben und die Unternehmen ihre Türen wieder öffnen, bleibt der natürliche Widerwille der Menschen, sich Krankheiten auszusetzen. Auf den Flughäfen wird es keine großen Menschenmassen geben. Sport wird in quasi leeren Stadien gespielt werden. [...] Und durch eine geringe Nachfrage und die Tatsache, dass die Menschen zurückhaltender Geld ausgeben werden, wird die Weltwirtschaft eine Depression durchleben. [...] Viele hoffen, dass in einigen Wochen alles wieder so sein wird, wie es im Dezember war. Das wird leider nicht geschehen. Ich glaube, dass die Menschheit diese Pandemie besiegen wird, aber nur, wenn der größte Teil der Bevölkerung geimpft ist. Bis dahin wird das Leben nicht zur Normalität zurückkehren.«[44]

»Der größte Teil«. Das ist entscheidend. Denn dass man anpassungsfähige Viren wie die aus der Corona-Familie nicht endgültig ausrotten kann, weiß Bill. Er weiß, dass Viren ihre Wirte nicht töten wollen, denn mit dem Tod des Wirtes stürben sie ja selbst, und Viren wollen leben. Wenn Viren töten, ist das ein schreckliches Versehen. Bill weiß aber noch mehr, denn er versteht tatsächlich viel vom Impfen. Wird der Erreger im geimpften Menschen vom Immunsystem erkannt und eliminiert, ist der Geimpfte geschützt – und kann niemand mehr anstecken. Wird der Erreger allerdings nicht getötet, sondern kann (gehustet, geniest) wieder austreten, hat er förmlich einen

Blick auf das Verteidigungssystem des von ihm angegriffenen Ziels geworfen und passt sich für seinen nächsten Angriff an – ein solches Virus nennt man dann »leaky«, und es wird nach dem Wiederaustritt gern »hot«[45]. Sinnbildlich gesprochen: Ein Virus, das beim ersten Angriff nur aus Bodentruppen bestand, mutiert beim zweiten Angriff zu einer Panzerstaffel. Sofern es heil wieder aus dem ersten Ziel herauskommt. Deshalb testet man normalerweise immer jahrelang an Impfstoffen herum, denn genau das muss gegeben sein: Es dürfen keine »frisierten«, »heißen« Mutationen aus dem Geimpften entkommen. Und Bill weiß, dass genau das bei den eilig zugelassenen mRNA-Impfungen passieren kann.[46] Das Risiko ist hoch. Unvermeidlich, wenn man versucht, den Ball für einen *Homerun* über den Zaun zu schlagen.

Es bedeutet nur eben auch, dass der Einzelne nach seiner Impfung für den Ungeimpften potenziell gefährlicher ist als vorher. Also, logisch, zwingend, muss der Geimpfte dringend weiterhin seine Maske tragen und Abstand halten. Und alle anderen müssen tatsächlich auch schleunigst geimpft werden, denn die nun kursierenden neuen, mutierten Viren sind für sie weit gefährlicher als das ursprüngliche Virus, also das ohne »heißgemachte« Panzerstaffel.[47] Und das gilt eben nicht nur für die vorläufig zugelassenen ersten mRNA-Impfstoffe von Biontech und Moderna, sondern auch für alle kommenden. Bei jedem einzelnen dieser neuen Impfstoffe muss neuerlich geklärt werden, ob das Virus, unverändert oder mutiert, aus den Geimpften wieder austritt. Keine der diesbezüglichen Studien wird mit der beschleunigten, vorläufigen Zulassung beendet sein, alle Studien laufen nach diesen Zulassungen weiter, nur eben mit Millionen Probanden, außerhalb des Labors. (Auch die Biontech-Studie ist ja beileibe nicht beendet, sondern dauert weltweit an. Als erster primärer Fertigstellungszeitpunkt ist genannt der 3. August 2021, abgeschlossen wird die Studie erst am 31. Januar 2023.[48] Ob das Mittel zugelassen *bleibt*, wird sich zeigen.)

Wir verstehen Bills vernünftige Einschätzung richtig: Es wird dauern. Lange.

Selbst mit unseren vielen neuen Impfstoff-Fabriken und Impfzentren. Wir werden noch sehr lange Zeit Masken tragen müssen. Uns an die Abstandsregeln halten müssen. Es wird immer wieder Lockdowns geben. Müssen. Lockdowns und Leinen. Radius-Einschränkungen. Wir werden uns an die Home Offices gewöhnen müssen. An die Online-Beschulung unserer Kinder. An die Trennung, das Kontaktlose. Bezahlen, Arbeiten, Lernen, Feiern, Sex – alles unberührt. An den »Screen New Deal« (Naomi Klein)[49].

Wird irgendwas je wieder ... normal? Bill schenkt uns diesbezüglich reinen Wein ein: »Eine komplette Rückkehr zur Normalität wird erst dann möglich sein, wenn wir, wohl kaum schon mit den Impfstoffen der ersten Generation, am Ende einen Impfstoff haben, der supereffektiv ist *und* den sehr viele Leute nehmen, *und* wir so die Krankheit weltweit eliminiert haben. Erst *dann* können wir uns an die entstandenen anderen Probleme machen, von Bildung bis psychischer Gesundheit, und anfangen, alles auf positive Weise neu aufzubauen.«[50]

Auf diesem langen Weg aber werden wir, um zu verhindern, dass jemals wieder binnen eines ganzen Kalenderjahres 2 Millionen von nur 8 Milliarden Menschen an irgendeinem Virus sterben, nun endlich zusammenstehen, mit Blick nach vorn. Werden endlich das von Bill bereits seit 2015 gründlich vorbereitete »Pandemic Preparedness Board« installieren und mit weitreichenden Befugnissen ausstatten[51], denn nur so können wir gerüstet sein. »So gruslig die Vorstellung auch ist – die nächste Pandemie könnte Folge von Bioterrorismus sein.«[52] Deshalb brauchen wir Bills Eingreiftruppen, das PPB: »Sie werden uns auch für den Fall vorbereiten, dass ein böswilliger Akteur in einem selbst gebauten Labor eine ansteckende Krankheit erzeugt und versucht, sie zur Waffe zu machen. Indem wir für eine Pandemie üben, wird sich die Welt auch gegen einen Akt des Bioterrorismus wehren.« Bill konstatiert also, nachdem wir ihn so lange überhört hatten: »Diesmal wird man die Warnung ›Bereiten wir uns auf die nächste Pandemie vor‹ ernst nehmen.«[53] »Es wird nicht die letzte sein [...] Die nächste Pandemie wird für immer drohend über unseren Köpfen hängen.«[54]

Echte »preparedness« aber, »wirkliches Vorbereitetsein, das bedeutet eben bei einem unsichtbaren, jederzeit und global überall auftreten könnennenden, multimobilen Feind: jederzeit, 24/7, zu wissen, was uns von wo droht. Welches neue Virus wann, wie, wo auf der Welt sein hässliches Gesicht zeigt, ob auf einem chinesischen Markt, einer peruanischen Geflügelfarm oder bei einer Karnevalsfeier in Detmold. Das bedeutet: Wir können nur dann rechtzeitig gewarnt sein und unser zukünftiges Überleben sicherstellen, wenn wir ab jetzt jederzeit, weltweit, wissen, wer infiziert ist, infiziert sein könnte oder mit anderen möglicherweise Infizierten in Kontakt getreten ist – oder getreten sein könnte. Wir brauchen »mega-diagnostische Plattformen«, mittels derer wir »jede Woche bis zu 20 Prozent der Weltbevölkerung testen können« – so Bill in seinem Jahresbrief an uns alle. Wir brauchen ein »globales Frühwarnsystem«, allzeit bereite Kommandos von »Infektionskrankheits-Ersthelfern«, eine »Pandemiefeuerwehr«[55] und Kriegsübungen gegen Bazillen, Bakterien und Keime. Bill hat diese Übungen selbst getauft auf »*Germ Games*«[56], aber das richtet sich nicht gegen uns Deutsche, Germ heißt nun mal Keim, und die *Germs* sind ab jetzt der unsichtbare Feind der ganzen Welt in allen Übungen und Manövern. Da wird schon keiner was verwechseln.

All diese Einrichtungen, neuen Vernetzungen und paramilitärischen Strukturen zu schaffen, das wird natürlich teuer (»tens of billions per year«), ist aber die beste und günstigste Versicherung, die die Welt sich zulegen kann.«[57] Wir müssen uns das leisten. Nur so können wir unseren Untergang verhindern.

Das bedeutet aber natürlich auch, dass niemand sich der vollständigen Überwachung entziehen darf. Logisch. Denn verweigern sich auch nur wenige Millionen, ist unser Seuchenradar nutzlos. Verweigerer gefährdeten mit ihrer Haltung das Überleben von uns allen. Es wären daher Verweigerer fraglos Feinde der Menschenfamilie, die verantwortungslos das Sterben von Millionen in Kauf zu nehmen bereit wären, nur um ihre absurde Vorstellung von »Privatsphäre« zu bewahren. Im vereinten Kampf gegen das Virus, das die ganze Menschheit auszurotten droht, ist daher die solidarische Abgabe einiger Grundrechte und der Privatheit erste Bürger- und Menschenpflicht. Deshalb muss es einen Immunitätsausweis geben, einen digital von überall her einsehbaren Impfpass, aber eben auch die Möglichkeit zur lückenlosen Kontrolle aller Aufenthaltsorte des Einzelnen. Was kein Problem darstellen sollte, denn Apple, Google und Facebook tracken ja sowieso schon alles und jeden, es fehlte bislang nur an Akzeptanz für diese Form der Totalüberwachung. Aber jetzt befinden wir uns alle in Lebensgefahr, und um die abzuwenden, akzeptieren wir alles.[58]

Außer Zwang. Zwang ist hässlich. Klingt hässlich. Provoziert unbewusst Unwohlsein, inneren

Widerstand. Daher wird es keinen gesetzlichen Impfzwang geben. Versprochen!

Es braucht keinen. Keinerlei gesetzlichen Zwang. Wir haben doch unsere Moral, und die erzwingt unser korrektes Verhalten von selbst. Wer da nicht mitmachen will, der outet sich selbst als Unmensch und Feind der Gesellschaft, das versteht sich doch von selbst. Falls nicht, sagt's Nikolaus Blome, *Spiegel*-Kolumnist: »Ich hingegen möchte an dieser Stelle ausdrücklich um gesellschaftliche Nachteile für all jene ersuchen, die freiwillig auf eine Impfung verzichten. Möge die gesamte Republik mit dem Finger auf sie zeigen.«[59]

Jawoll! Bravo. Aber wenn auch das nicht genügt, wird es trotzdem! Keinen! Gesetzlichen Impfzwang! Geben! Denn auf unseren Fahnen stehen ja unverbrüchlich »Freiheit« und »Menschenwürde«, und das wird auch so bleiben. Niemand hat die Absicht, eine Zwangsimpfung zu errichten.

Wer sich verweigert, na ja: »Okay, wer das nicht möchte, der kann vielleicht auch bestimmte Dinge nicht machen.« (Angela Merkel)[60] Aber das ist ja kein *Zwang*. Der Verweigerer wird lediglich teilweise aus der Gesellschaft ausgeschlossen und nötigenfalls eingesperrt, ob in seinen eigenen vier Wänden oder in staatlicher Obhut, in einem Quarantänebrecherlager. Wer sich der ganz freiwilligen Impfung entzieht, diesem »Akt der Nächstenliebe« *(Stern)*[61], kann eben bestimmte Dinge nicht mehr machen, zum Beispiel auf finanzielle Unterstützung durch die Gemeinschaft hoffen oder auf

Teilnahme am sozialen Leben oder am Berufsleben, oder auf sein Recht pochen, seine Kinder selbst aufzuziehen (es besteht, jedenfalls in Deutschland, Staatsschulgebäudeanwesenheitszwang,[62] und da ein ungeimpftes Kind nicht mehr zur Schule gehen dürfte, aber müsste, verlören Eltern qua Verantwortungslosigkeit ihr Sorgerecht an den Staat, der hernach das nun ihm in einem seiner Heime Schutzbefohlene sofort impfen ließe). Überdies verwirkt der Verantwortungslose seinen Anspruch, im ernsten Krankheitsfall intensivbehandelt oder gerettet zu werden.[63] Der Solidaritätsverweigerer wird also lediglich ausgeschlossen, geächtet und im Ernstfall zum Tode verurteilt, aber *gezwungen* wird er zu nichts.

Bill weiß hierbei um den unwiderstehlichen Charme des Proprietären. Es *muss* ja auch niemand Windows oder Word kaufen, das Programm wird nur eben ohne Anmeldung nicht ausgeführt. Ohne Impfpass, digitale Identität und digitales Konto gilt zukünftig: »Sie besitzen keine Zugriffsrechte auf dieses Leben.«

Jene indes, die Nächstenliebe leben, sich impfen lassen und rund um die Uhr ihren Aufenthaltsort und Gesundheitszustand zugänglich machen zum Wohle aller, der ganzen großen Menschenfamilie, jene werden rasch wieder einige ihrer alten Privilegien genießen können: Impfung macht frei.

Um die Freiheit geht es tatsächlich. Gefühlte Freiheit – erworben um den Preis von Kontrolle und Gehorsam. Tatsächliche Freiheit aber kann es nie wieder geben. Bill weiß, dass er es sich beim kommenden notwendigen Umbau der Welt nicht erlauben kann, jemanden *nicht* erfasst zu haben, nicht sehen zu können. Die Heilung der Welt, nicht nur die Heilung von Krankheiten, sondern die ganz große Heilung, kann nur vonstattengehen, wenn jedwede Zusammenrottungen von Unzufriedenen und Widerständlern verunmöglicht sind. Demonstrations- und Kontaktverbote dienen lediglich als Übergangslösungen zu Beginn dieses Umbaus der Welt. Ab Phase 2 des Umbaus wird man keine Verbote mehr aussprechen müssen, sondern etwaige Rädelsführer problemlos rechtzeitig in häusliche Quarantäne schicken können.

Phase 2 des Umbaus beginnt mit dem, was Makro-Ökonom Klaus aus seinem Fachgebiet kennt als »schöpferische (oder kreative) Zerstörung«. Die Kernaussage dahinter lautet, zusammengefasst: »Jede ökonomische Entwicklung (im Sinne von nicht bloß quantitativer Entwicklung) baut auf dem Prozess der schöpferischen bzw. kreativen Zerstörung auf. Durch eine Neukombination von Produktionsfaktoren, die sich erfolgreich durchsetzt, werden alte Strukturen verdrängt und schließlich zerstört. Die Zerstörung ist also notwendig – und nicht etwa ein Systemfehler –, damit Neuordnung stattfinden kann.«[64]

Die grundsätzliche Notbremsung mittels kreativer Betonwand hin zum »Great Reset«, die Bill und seine Freunde nun mangels Alternativen vornehmen, ist indes nur ein Schritt auf dem Weg zur tatsächlichen Neuordnung. Und die gestaltet Bill nicht selbst, und auch nicht allein, er denkt nur vor und regt an. Denn Bill ist alt genug und weiß tatsächlich um die gelegentliche Fehlbarkeit seines eigenen Urteils (im Detail) sowie die beeindruckend zutreffenderen Urteile einer neuen Spezies, der fortgeschrittenen KI. Daher verlässt er sich beileibe nicht nur auf sein eigenes Urteil. Sondern arbeitet gemeinsam mit anderen Vordenkern wie Jeff (Amazon), Eric (Google), Mark (FB), Tim (Apple) und Ray (Google) an objektiveren bzw. objektivierbaren Lösungen.

Bills Annahme, 75 Prozent der Menschen seien beschränkt, wird hier offenkundig gestützt vom allenfalls marginalen Interesse der Weltgesamtbevölkerung an den Fortschritten, die exempla- risch *AlphaZero* seit ihren verblüffenden Siegen nicht nur beim Schach (alter Hut) und Go (uups, das ist intuitiv, das können Maschinen nie gegen Menschen gewinnen; doch), sondern zuletzt auch beim japanischen Schach, Shōgi, demonstriert hat (ausgeschlossen! Nein). Seither spielen die Maschinen untereinander und gegeneinander und verblüffen ihre Eltern exponentiell; seit dem schockierenden Kantersieg des vergleichsweise leistungsschwachen, aber selbstlernenden *Alpha-Zero* gegen das bis dahin als unschlagbar geltende Rechnerleistungsmonster *Elmo* programmieren nämlich die noch von Menschen geschaffenen Intelligenzen nun *selbst* neue KI-Generationen, die absolut verblüffende Prognosen und Lösungen präsentieren, ohne dass irgendein Mensch auch nur nachvollziehen könnte, *wie* sie zu diesen perfekten Ergebnissen kommen. Sprich: die Funktionsweise, das Wesen des Denkens dieser neuen KI-Generation, ist allenfalls noch deren Maschineneltern begreifbar, aber nicht mehr ihren menschlichen Großeltern.

Bill gehört zu den smarteren Vertretern dieser Großelterngeneration. Er ist sogar »vom Fach«, sprich Computernerd und Binärdenker. Bill weiß, dass dem kurz vor dem endgültigen singulären Erwachen stehenden neuen, allwissenden KI-Gott der Menschen nur noch wenig fehlt, um auch das Spiel auf dem Großen Schachbrett, das Spiel um den Fortbestand des Planeten und der Menschheit binnen eines nahen Tages zu erlernen. Und zu gewinnen.

Dazu benötigt Bills KI-Enkel jetzt nur noch zweierlei. Erstens, missionskritisch: aus dem Weg geräumte Hürden in Form von lästigen Freiheiten (Meinung, Versammlung, Privatsphäre et cetera pp.) sowie Grundgesetzen – und ein paar anerkannte Kriterien, die die Abschaltung der Demokratie nach Bills oder Alpha-2.0s Gutdünken jederzeit erlauben. Weltweit, rund um die Uhr. Am besten eine tödliche, unsichtbare Bedrohung, jederzeit erneut als Update abrufbar.

Check. Abgehakt.

Zweitens: mehr Daten – und weniger Hindernisse beim Sammeln und Verarbeiten dieser Daten. Die meisten erforderlichen Informationen hat Bill zwar schon, ein Gadget wie die »Corona-App« hat sich förmlich per Knopfdruck weltweit umgehend freischalten lassen, und mit dem Smartphone trägt ohnehin fast jeder Erdenbürger einen »Tatortkoffer im Kleinformat«[65] mit sich herum, vollgestopft mit Überwachungstechnik vom Bewegungs- und Fingerabdrucksensor bis zum Gyroskop und Näherungssensor.

Die größte Datenschatztruhe von allen, die der klassischen »Telcos«, steht ihm seit Beginn der Pandemie ebenfalls sperrangelweit offen, denn seither fordern Regierungen weltweit erfolgreich den Zugang zu den aggregierten *Location Data*[66] eben jener nicht im Fokus von Wettbewerbs- und Datenschützern stehenden Firmen wie AT&T, Telekom, Vodafone – den gern übersehenen Sammlern der wertvollsten Daten, denn diesen Kolossen, nicht Facebook, Google oder Apple, gehören alle Netze, in denen wir uns bewegen, ob mit dem Rechner oder unserem Smartphone. Seit Beginn der pandemischen Lage internationaler Tragweite teilen diese Firmen all ihre, nein, all *unsere* Daten mit ihren Regierungen.[67]

Zum Schutz der Weltbevölkerung werden aber derzeit auch alle anderen Datenschutzkinkerlitzchen über Bord geworfen, der Staatstrojaner wandert in jeden Rechner, die Gesundheitsdaten aller werden zur Auswertung freigegeben, der Patient (also jeder, der schon mal beim Arzt war) wird gläsern, und die Einführung des digitalen Impfausweises ist ja ohnehin ein zukünftiges Muss, denn wie soll man anders überprüfen können, ob Menschen, die sich an der frischen Luft aufhalten, das überhaupt dürfen? Unter der noblen Fahne des Bevölkerungsschutzes vor Tod und Verderben, also vor Covid, der Pest oder was auch immer als Nächstes viral losbrechen wird, fallen alle vorher noch geltenden Beschränkungen bei der Datenerhebung. Und genau das ist erforderlich, wie Bill weiß, genau dies ist essenziell für den Weltrettungsplan. Pandemie wie Impfkampagnen dienen lediglich als Vehikel für einen guten Zweck und lassen sich vortrefflich verbinden mit den bereits bestehenden Erfassungskampagnen – die ja für sich genommen ebenfalls nur guten Zwecken dienten, wie die geplante Einführung der »Bürgernummer«[68] wie eines digitalen Kontos für jeden einzelnen Erdenbürger, vorangetrieben von der gemeinnützigen Allianz »ID 2020« bereits seit 2015. Dass Bills Globale Impfallianz GAVI und Bills Ex-Firma Microsoft dieses Projekt unterstützen, versteht sich von selbst.

Bill wird nicht müde zu betonen, dass die Pandemie, eine Naturkatastrophe, für deren Ausbruch kein Mensch etwas kann, nicht nur eine Prüfung und eine Herausforderung ist, sondern auch geeignet, das Beste im Menschen hervorzukehren. Des Menschen Solidarität. Und das Virus macht keinen Unterschied zwischen uns, kennt keine Grenzen. So bietet uns das Virus eine einmalige Chance. Mit ihm wächst zusammen, was zusammengehört. Alle Menschen werden

Brüder und Schwestern. In einem Haus ohne Türen. Ganz nackt und natürlich umeinander herumtanzend, ohne jegliches Geheimnis voreinander. Paradiesisch.

Hilfreich ist dabei, dass Bill und seine Freunde all das haben kommen sehen. Bill hat ja schon immer davor gewarnt, und wenn er neuerdings öffentlich »bedauert«[69], dann nur, dass man nicht schon viel früher auf ihn gehört hat. Aber trotz dieser unaufmerksamen Ignoranz unsererseits (er nimmt uns das nicht übel) und trotz der Widerstände gewisser Bremser haben ja Bill und seine Freunde alles vorbereitet, was nun zum Nutzen aller mit der notwendigen World-Wide-Tracking-App für jedermann und dem digitalen Weltwährungskonto (nur bei Vorlage des digitalen Impfausweises) verbunden werden kann und muss. Freund Eric und Co. waren fleißig und bringen alles Hilfreiche mit. Nicht nur sämtliche Nutzer-, Bank-, Gesundheits-, Suchfunktions-, Browse-und-Klick-sowie-Bewegungsdaten jedes Google- oder Android-Verwenders, man liest auch schon alle Tastatureingaben mit, selbst wenn die gar nicht versendet werden.[70] Freund Jeff hört weltweit mittels *Alexa* jedermann zu und zeichnet jedes Gespräch als Dauerverhör zur Auswertung auf (stimmbiometrische Analysen ermitteln dabei die Gemütslage des Sprechenden)[71], Freund Tim und dessen fleißige Techniker belauschen längst auch jedes Selbstgespräch, dass in Reichweite eines Smartphones geführt wird, selbst wenn der Benutzer gar nicht auf »Aufzeichnen« gedrückt hat. (Bedauerlicherweise waren die Gerichte bislang nicht bereit, Mordgeständnisse im Selbstgespräch als ausreichend für eine Verurteilung anzuerkennen[72], aber die Mühlen der Justiz mahlen eben langsam. Das wird schon noch, zeitnah). Gesundheitsdaten von Blutdruck bis Herzstolpern sammeln Bills Freunde und Freundesfreunde ohnehin schon eifrig rund um die Uhr, ob mittels Smartphone, Fitnessarmband oder intelligenter Kloschüsseln – verdaubare Sensoren zur Überprüfung der korrekten Medikamenteneinnahme, kontrollierbar von Arzt oder Behörde per App, sind längst ein alter Hut.[73] Freund Marks Patent für die komplette Sozialkontrolle liegt obendrein auch schon seit 2014 auf dem Tisch bzw. Tresen[74], getarnt als freundliche Datinghilfe – denn werden wir nicht alle glücklicher sein und relaxter, wenn man uns bei der Suche nach einem, nein, *der/m* geeignetsten MisterMissesRight den lästigen Umweg über *Parship* und Co. erspart? Marks Programm hilft, ganz selbstverständlich, reinster Service, und klingt dann freundlich ungefähr so: »Sie sind vorhin bei Ihrem Barbesuch kurz von einer Unbekannten (3 Meter entfernt, links) angelächelt worden, die gut zu Ihnen passt (Kompatibilitätswahrscheinlichkeit = 96,3 Prozent). Stellen Sie eine Freundschaftsanfrage an Scarletta#3265, die Eintrittswahrscheinlichkeiten der Ereignisse One-Night-Stand/Eheschließung sowie Anzahl und Gesundheitszustand ihrer gemeinsamen Kinder finden Sie *hier* (Hyperlink).« Die paar Eckdatenpunkte, die das Programm für diesen tiefschürfenden Bombentipp im Verborgenen sammeln musste – geschenkt, wir haben doch alle nichts zu verbergen. (Dachten Sie bis eben, »Black Mirror«[75] sei Fiction? Haha.).

Bills Dank für das entscheidende Puzzleteil im Weltrettungsprogramm aber geht nach China. Jenes China, das das Virus so gekonnt besiegte und, so die gültige Legende, im Keim erstickte. Dank seiner vorausschauenden, restriktiven Strategie. Von China lernen heißt in diesem Fall siegen lernen – verständlicherweise nimmt im Lauf der Pandemie die Bewunderung für das Reich der Mitte zu unter westlichen Politikern, die endlich Selbstbestimmung und demokratisches AufdenStraßenHerumdemonstrieren als tödliche Gefahren für ihre Bevölkerungen erkennen.

Bill weiß, dass die Einführung des chinesischen »Citizen Score« (CS) jetzt weltweit durchsetzbar sein wird. Längst verhallt ist Edward Snowdens Warnung: »Man wird Entscheidungen für uns auf automatisierter Basis treffen, um festzulegen, wer eine Anstellung bekommt, wer zur Schule geht, wer einen Kredit bekommt, wer ein Haus bekommt und wer nicht. Und wir sind heute, in einem Augenblick höchster Angst, gefragt zu entscheiden: ›Wie wollen wir diese Systeme ausgestaltet sehen?‹ Und wenn wir diese Entscheidungen nicht selbst treffen, wird man es für uns tun.«

Wird erledigt.

Der Pandemie folgt die kreative Zerstörung des Wirtschaftslebens, aus der kreativen Zerstörung des Wirtschaftslebens erwächst die Notwendigkeit eines echten Nothilfeprogramms für alle – eines bedingungslosen Grundeinkommens in Form einer neuen digitalen Währung, deren Ausgabe gekoppelt ist ans Solidarverhalten des Einzelnen. Jedes anständige Mitglied der Menschenfamilie lässt sich daher impfen und gibt selbstverständlich, zum Schutz der Gemeinschaft, all seine Daten frei. Jedermann und -frau beginnt nun im neuen Social-Score-System mit dem gleichen Kontostand, aber nicht nur in Form von neuen digitalen USCollar-Pinminbi-Neuro-Talern, sondern auch in Form von Sozialkredit, wobei alle Teilnehmer mit dem gleichen Kontostand an den Start gehen. Fair geht vor. Abhängig vom Wohlverhalten steigt oder sinkt nun der Sozialwert. Je besser und solidarischer der Einzelne sich verhält, von der Zahlungsmoral bis zur Klickmoral am Rechner, desto höher der Punktestand, und je höher der Punktestand, desto größer die Anerkennung seitens der Gemeinschaft: Wer gut ist, bekommt einen guten Job, eine gute Wohnung, eine längere Leine (größerer erlaubter Radius um den Wohnort) und wird im Krankheitsfall gut behandelt. Wer nicht so gut ist ... eben nicht. Solidarische Leistung muss sich wieder lohnen. Und das wird sie. Vollständig transparent.

Bill ist dabei durchaus bewusst, dass es Unverbesserliche geben wird. Aber über deren Naivität lächelt er nur, auf seine inzwischen berühmte, unendlich gütige Weise. Denn wer da meint, sich all diesen schönen Neuerungen entziehen zu können, indem er, vulgo, auf seinen Score scheißt, ebenso wie auf Konzerte, Kneipen und seinen Job, ohne Smartphone in den Wald zieht und dort völlig ungeimpft seine selbst angebauten Karotten knabbert, verkennt die weiterhin exponenziell wachsenden Fähigkeiten der KI im Zusammenspiel mit Big Data – und überschätzt seine Individualität, seine eigene Einzigartigkeit. Menschen ähneln einander. Weit mehr, als sie glauben. Bill weiß, auch wenn ihm das manchmal wehtut: Sogar mich, den Bill, diesen Bill, gibt es unter den 8 Milliarden wenigstens 1000 mal. 1000 andere identische Bills, die sich jederzeit *exakt* so verhalten wie ich. Verfügt nun der Algorithmus über ausreichend Informationen und Data Points betreffend die anderen 999 Bills, kann er nicht nur deren Denken, Fühlen und Verhalten jederzeit vorhersagen, sondern auch meines – das Verhalten des einen nicht erfassten, aber identisch gestrickten Bill, des einen »Individuums«, das sich qua Informationsverweigerung in seiner Hütte sicher fühlte, bei Wasser und Wurzeln. Das System benötigt über diesen einen Bill nur mehr elementarste Basisinformationen (Geburtstag und Gesichtsauswertung), um absolut sicher prognostizieren zu können, wann der seine Karotten weglegt und beschließt, mit der Machete in die Stadt zu gehen. Dieser eine von tausend wird nicht weit kommen.

Wir werden niemanden mehr bestrafen müssen. Denn es wird ja niemand mehr eine Straftat begehen können.

Aber das ist ja auch *gut so*!

Eben.

Wer wollte das denn *nicht*? Das Ende allen Verbrechens!

Kriminelles Verhalten ist in dieser neuen Welt dem Einzelnen praktisch unmöglich. Nicht nur weil es kein Bargeld mehr gibt und er nicht mehr schwarzarbeiten oder unerkannt Drogen kaufen kann, sondern auch weil sein Verhalten jederzeit vorhersagbar ist. Genau diese Vorhersagbarkeit ist doch der Schlüssel zum kollektiven Glück.

Und wir sind schon fast da. Algorithmische *Precrime Units*[76] erkennen bereits heute die Absicht des Menschen, sich gesetzeswidrig zu verhalten, die Sanktion erfolgt automatisiert. Tragbare Sensoren zur Blutalkoholkontrolle per App weisen den Weg in eine endgültig heile Welt, denn koppelt man deren Daten mit der Fahrtüchtigkeits-App im Smartphone, das fingerabdruckverschlüsselt auch als Autoschlüssel dient, entfällt die Notwendigkeit von Alkoholtests, weil das Auto ja gar keinen Fahrer mehr reinlässt, der mit mehr als 0,1 Promille gegen die Gesetze verstoßen will. Die Zukunft ist präventiv, »die Sanktion ist vorverlagert – sie liegt in der Unausführbarkeit der Handlung. Strafen ohne Strafen.« (Adrian Lobe)[77]

Was könnte schöner sein?

Bill weiß: Der Weg ist nicht mehr weit. Die letzten Hürden nicht mehr hoch. Und sobald sie überwunden sind, befinden wir uns im Paradies. Einem Paradies, wie das WEF unter Bills altem Freund Klaus es vorzeichnet:

»Wir brauchen einen globalen Neustart. Wir müssen alle Teile unserer globalen Gesellschaft mobilisieren. [...] Wir dürfen dieses einzigartige Zeitfenster nicht verpassen. Wir können unser Verhalten ändern, um wieder in Harmonie mit der Natur zu sein, und wir können schauen, dass die neue Technik der vierten industriellen Revolution in bester Weise verwendet wird, um uns ein besseres Leben zu gestalten [...] Es ist unausweichlich, dass wir unsere Welt neu erfinden, neu gestalten, neu beleben und neu ausbalancieren.«[78]

Eine neu belebte Welt in Balance. Eine »grüne«, nachhaltige Welt unter blauen Himmeln – ohne Kondensstreifen und Chemtrails. Eine Welt, befreit von der alten, alles verpestenden und zerfressenden Industrie. Eine Welt der vernetzten Home Offices, in der Bill McKibbens 350.org-Träume[79] sämtlich wahr geworden sind, in der niemand mehr im Stau steht, um weit weg von zu Hause einen Bullshitjob zu erledigen, den weder er braucht noch sonst wer auf der Welt. Eine Welt ohne Banken, ohne Versicherungen, ohne Hütchenzauber und Taschenspielertricks auf Kosten der Armen wie der Ehrlichen, der Braven wie der Bescheidenen. Eine Welt ohne Bargeld. Ohne Schwarzgeld. Ohne Mafia.

»Eine Welt, eine Währung.« Eine Welt, in der jeder alles auf seinem digitalen Konto vorfindet, was er zum Überleben braucht. Wer mehr will, kann arbeiten. Nachhaltig. Wer nicht mehr braucht, arbeitet an sich selbst und neuen Erkenntnissen. Wir werden entfesselt sein, unsere Kreativität grenzenlos. Unsere neuen Erfindungen werden größer sein als jedes Rad und jedes Feuer.

Die junge WEF-»Leader«in, Anführerin und Visionärin Ida Auken (*1978), ehemalige dänische Umweltministerin, hat das für Klaus' Blog hübsch aufgeschrieben, als Denkanstoß für das 2016er WEF-Forum[80]:

»Willkommen im Jahr 2030. Willkommen in meiner Stadt – oder sollte ich sagen ›unserer Stadt‹? Ich besitze nichts. Ich besitze kein Auto. Ich besitze kein Haus. Ich besitze keinerlei Gegenstände und keinerlei Bekleidung.

Es mag Ihnen seltsam erscheinen, aber für uns in dieser Stadt macht es absolut Sinn. Alles, was Sie für ein Produkt hielten, ist jetzt zu einer Dienstleistung geworden. Wir haben Zugang zu Transportmitteln, Unterkünften, Essen und all den Dingen, die wir in unserem täglichen Leben brauchen. Nach und nach wurden all diese Dinge kostenlos, sodass es für uns keinen Sinn mehr machte, viel zu besitzen.

Zuerst wurde die Kommunikation digitalisiert und für jeden kostenlos. Dann, als saubere Energie frei wurde, ging alles ganz schnell. Der Preis für Transportmittel sank dramatisch. Es machte für uns keinen Sinn mehr, Autos zu besitzen, denn wir konnten innerhalb von Minuten ein fahrerloses Fahrzeug oder ein fliegendes Auto für längere Strecken rufen. Wir begannen uns viel organisierter und koordinierter zu transportieren, als die öffentlichen Verkehrsmittel einfacher, schneller und bequemer wurden als das Auto. Jetzt kann ich kaum glauben, dass wir Verkehrsstaus in Kauf genommen haben, ganz zu schweigen von der Luftverschmutzung durch Verbrennungsmotoren. Was haben wir uns nur dabei gedacht?

[...]

Meine größte Sorge sind all die Menschen, die nicht in unserer Stadt leben. Diejenigen, die wir auf dem Weg verloren haben. Diejenigen, denen es zu viel wurde, diese ganze Technologie. Diejenigen, die sich überflüssig und nutzlos fühlten, als Roboter und KI große Teile unserer Jobs übernahmen. Diejenigen, die sich über das politische System aufregten und sich gegen es wandten. Sie leben eine andere Art von Leben außerhalb der Stadt. Einige haben kleine Selbstversorgergemeinschaften gebildet. Andere sind einfach in den leeren und verlassenen Häusern in kleinen Dörfern des 19. Jahrhunderts geblieben.

Ab und zu ärgere ich mich, dass ich keine wirkliche Privatsphäre habe. Nirgendwo kann ich hingehen, ohne registriert zu werden. Ich weiß, dass irgendwo alles, was ich tue, denke und träume, aufgezeichnet wird. Ich hoffe nur, dass das nie jemand gegen mich verwenden wird.

Alles in allem ist es ein gutes Leben. Viel besser als der Weg, auf dem wir uns befanden, als uns klar wurde, dass wir nicht mit dem gleichen Wachstumsmodell weitermachen konnten. Wir hatten all diese schrecklichen Dinge: Zivilisationskrankheiten, Klimawandel, die Flüchtlingskrise, Umweltzerstörung, völlig überfüllte Städte, Wasserverschmutzung, Luftverschmutzung, soziale Unruhen und Arbeitslosigkeit. Wir haben viel zu viele Menschen verloren, bevor wir erkannten, dass wir die Dinge anders machen können.«

Na, dann.

Genug von Bill und Ida und Klaus. Wir haben wohl alles Wesentliche gehört.

Und fassen anerkennend, zustimmend zusammen: Sind wir tatsächlich zu dumm, zu egoistisch und zu unvernünftig, um unseren eigenen Untergang selbst abzuwenden, bleibt uns nur die Rettung mittels totaler Kontrolle durch zunächst einen einzelnen Anführer, Bill, sowie in der Folge durch hyperintelligente KI und deren übermenschlich vernünftige Entscheidungen. Nicht nur was den für uns besten Weg durch den Stau betrifft, sondern auch den für uns besten Weg durchs Leben. Von der Befruchtung bis zur Wiege über die Frühbehandlung der in zehn Jahren auftretenden Krebserkrankung bis zur Bahre. Von der geeigneten Partnerwahl bis zur frühzeitigen Beseitigung verrückter Revoluzzer, die das Diktat der künstlichen Vernunft zu sabotieren drohen.

Die neue Normalität des Team Bill bedeutete eine Welt mit allerbesten Überlebenschancen für die Menschheit wie für den sich selbst beherrschenden Einzelnen. Wir halten hierbei aber auch fest: Es wäre dies eine Welt, in der für die Illusion kein Platz mehr wäre, der Mensch sei vernunftbegabt, eigenständig und frei.

Fragen aber ergeben sich hier selbst für jenen, der sich der vorgelegten Arbeitshypothese und den daraus sich ergebenden positiven Konsequenzen anschließt.

Ist die Freiheit Geschichte? Und das Individuum gleich auch?

Genau das ist tatsächlich der Punkt. Denn es droht, mit Benjamin Franklin: »Wer wesentliche Freiheiten im Tausch gegen etwas vorübergehende Sicherheit aufgibt, verdient weder Freiheit noch Sicherheit.«[81] Jenseits des im Original deutlich mitklingenden »selber schuld« aber steht hier noch etwas anderes prominent im Raum: Haben wir alle Kontrolle und alle Privatheit gänzlich abgegeben und uns einem algorithmischen Social-Score-Bewertungssystem unterworfen, alles der Sicherheit zuliebe, bedeutet das zunächst einmal ganz platt und konkret, dass niemand mehr ungestraft ungeimpft entkommt, aber auch, dass niemand mehr unbemerkt blaumachen, *youporn* bingen, eine Affäre anfangen oder seine Tablette heute ausnahmsweise weglassen kann, kürzer: das Ende jeder Chance, sich unbemerkt, und sei es auch nur für ein paar Sekunden, danebenzubenehmen. Nicht nur unsere Kindheit und Jugend werden so »all jener spannenden Erlebnisse, Experimente und Erfahrungen beraub(t), die wir mit ihnen verbinden. Rauchen, Trinken, Sex, Pornografie, abgefahrene Musik und Filme«[82] – die große Helikoptermutter regiert hernach über unser aller Erwachsenenleben, für immer: unsichtbar, allgegenwärtig, alles sehend. Und wir werden nicht mal wissen, wer sie ist.

Da der Einzelne nun aber jederzeit obendrein *weiß*, dass er unter permanenter Beobachtung steht, entfällt noch weit mehr als nur die Möglichkeit, etwas unbeobachtet zu *tun*. Es entfällt sogar die Möglichkeit, etwas unbeobachtet oder ungehört auszusprechen oder im Monolog laut zu denken. Denn das Tun, das tatsächliche Umsetzen des Ausgesprochenen oder versuchsweise ins Tagebuch Getippten und dann doch nicht Hineingespeicherten, ist nicht mehr wichtig. Es ist nicht mehr von Bedeutung, dass wir dann *tatsächlich* doch keine Affäre angefangen hätten, kein Koks am Bahnhof gekauft, tatsächlich dann doch nicht unserem soziopathischen Chef einen selbst gebackenen Berliner auf den Schreibtisch gelegt – wir wollten nur mal mit dem Gedanken spielen. Wir hätten gekonnt, theoretisch. Aber auch dieses Gedankenspiel ist in der neuen Normalität grau und tot.

In der neuen Normalität des Team Bill wird nichts mehr frei sein, nicht einmal mehr die Gedanken, denn sie werden nicht mehr geboren.

Wir werden uns jeden Gedanken ganz von selbst abgewöhnen, der in sozialpunktereduzierendes Verhalten auch nur theoretisch münden *könnte*. *Dass* wir uns so nicht verhalten *werden*, wissen wir vorher. Aber weshalb sollten wir noch über etwas nachdenken, was uns vielleicht anspricht, als Fantasie, wir aber ohnehin *niemals* in die Tat umsetzen werden? Weshalb sollten wir uns Gedanken machen, die keinerlei »Upside« haben, sondern lediglich, bestenfalls, Kummer auslösen können? Das würde uns nur unglücklich machen. Und wir sind doch lieber glücklich.

Die Gedanken bleiben auch zukünftig frei.

Allerdings ungedacht.

Schön ist das nicht.

Aber alternativlos.

Tatsächlich. Denn die einzige denkbare Alternative zur neuen Normalität des Team Bill wäre doch: auf Individualität, Freiheit und Selbstbestimmung zu bestehen, Bills im Raum stehenden Übernahmeversuch abzulehnen und maskenlos demonstrierend zu bekämpfen, um nach erfolgreicher Zurückschlagung dieses Angriffs fortzufahren wie bisher, frei, unbeobachtet, demokratisch, selbstbestimmt, mit der »alten Normalität«. Dies aber im historisch gesicherten Wissen, dass wir als Kollektiv zumindest bis heute unbelehrbar waren, daher also unseren Planeten an den Rand des letzten Abgrundes gesteuert haben und uns selbst zeitnah zerstören und vernichten werden.

Wir könnten daran mitarbeiten, an dieser Rückkehr zur alten Normalität. Die wird sich rühren, hat sich schon gerührt. Unsere Wirtschaftsweisen stellen uns bereits neue Beschäftigungszuwächse ab 2022 in Aussicht, Wachstumswahn 2.0 ante portas. Die TUI existiert weiter. VW auch. Die Gegner der Totalüberwachung, Demokratie- und Freiheitskämpfer, Impfverweigerer sind nicht allein mit ihrem Unwohlsein wegen Bills großem Plan. Es liebäugeln mit einer Rückkehr zur alten, freien Normalität auch Millionen von Millionären, Beamten, Zettelsortierern, Bullshitjobbern, radikalen Pauschaltouristinnen und Armeen von Männern, die vor allem auf einem bestehen: ihrem freien Grillen. Es ist also durchaus noch nicht alles verloren, vereint könnte diese Allianz tatsächlich das BIP retten und die Welt zurückführen in die alte Normalität.

Bleibt uns tatsächlich nur die Wahl zwischen Pest und Cholera? Zwischen Untergang B (dem stinkenden, feurigen) und Untergang A (dem unfreien, KI-bestimmten, sedierten, unmenschlichen)?

Oder gibt es doch noch eine andere Möglichkeit?

Versuchen wir es mal, solange wir es noch unbemerkt, unbeobachtet können, mit einem gedanklichen »Great Reset«.

WIR STEHEN WIE ANGEWURZELT UND
STAUNEN ÜBER DIESE NIE DAGEWESENE
SITUATION. HUNDERTE PFADE TUN
SICH VOR UNS AUF, STREBEN IN ALLE
HIMMELSRICHTUNGEN. MANCHE FÜHREN
IN DIE GLEICHE RICHTUNG, IN DIE WIR
SCHON UNTERWEGS WAREN. MANCHE
FÜHREN IN DIE HÖLLE AUF ERDEN.
UND MANCHE FÜHREN IN EINE WELT,
DIE HEILER UND SCHÖNER IST, ALS
WIR ES UNS IN UNSEREN KÜHNSTEN
TRÄUMEN AUSMALEN KONNTEN.[83]

CHARLES EISENSTEIN

IM TRAUM IST DER BERECHNENDE
MENSCH ABWESEND.

FABIAN SCHEIDLER

II. DIE VERSCHWÖRUNG DES TEAM MENSCH

Wir haben viel gelernt aus der Krise. Unter anderem, verblüffend, schockierend, früh, dass die meisten von uns bis 2020 gar nicht wussten, dass Maßnahmen – wie Hände waschen, im Winter keinen anhusten, eine Maske tragen, den Griff des Einkaufswagens desinfizieren, die Kinder nicht krank in die Schule schicken – unterm Strich recht effektiv die Verbreitung von Husten, Schnupfen, Heiserkeit und sogar Grippewellen verhindern. All das war vor Covid offenkundig nicht bekannt. Dank Covid wissen das jetzt alle. Das ist gut. Wir haben aber auch gelernt, dass junge, mittelalte und gesunde Menschen, aber auch alte und sehr alte mit halbwegs intaktem Immunsystem an Covid nicht sterben.[84] Auch das

ist gut. Wir wissen jetzt, dass unser Immunsystem uns schützt. Und wir wissen jetzt sogar, wie wir unser Immunsystem stärken können, eigenhändig, selbstverantwortlich, mittels häufigem Einatmen von frischer Luft, Bewegung, gesunder Ernährung, Nichtrauchen, Nichtsaufen, guter Laune (gelegentlich sogar lautem, gemeinsamem Lachen), menschlicher Nähe sowie ein paar Vitaminen und Spurenelementen zusätzlich (sofern es uns an welchen mangelt, das kann man ja messen). Wir wissen aber auch, ganz neu: Viren können uns gefährlich werden. Viele Viren. Auch Coronaviren. Wie Covid, nachweislich, denn: »Etwa 0,2 Prozent aller Todesfälle bei den 20–29-Jährigen und etwa 1 Prozent bei den 80–89-Jährigen gehen tatsächlich auf COVID-19 zurück.«[85].

Sofern wir geschwächt sind, vorerkrankt oder schon fast hundert, können Viren uns, eben, sogar töten. Das war schon immer so. Jetzt wissen wir es. Alle.

Die Krise hat uns aber noch mehr gelehrt. Tatsächlich konnten wir durch unsere gemeinsam ergriffenen rigiden Maßnahmen, also mittels AHA, Lockdowns, Kontaktbeschränkungen, Versammlungs- und Weihnachtsverboten die Zahl der Atemwegserkrankungen insgesamt leicht senken und die Grippe förmlich ausrotten.[86] Statt der befürchteten, global dramatischen pandemischen Übersterblichkeit von mehreren 100 Millionen blickten wir so Ende 2020 auf einen allenfalls leichten Anstieg der Verstorbenenzahlen[87], global bewegt sich die Übersterblichkeit im – leider – unvermeidlichen Rahmen, Jahr für Jahr steigend[88]. Wir sterben, ja, aber wir sterben immer älter. Auch das ist gut. Allerdings mussten wir dafür diesmal Opfer bringen. Der Preis war hoch, nicht nur in finanzieller Hinsicht (die Rechnung ist in der Post), auch in zwischenmenschlicher. Und da wir alle – mit Ausnahme von Karl Lauterbach – unsere Zukunft nicht dauerisoliert voneinander verbringen möchten, haben wir zuletzt gelernt, dass es einen Ausweg aus diesem Dilemma gibt: Impfungen. Die wir sehr schnell entwickeln können, dank der Findigkeit unserer Forscher und der Bereitschaft vieler Millionen, sich freiwillig als Versuchskaninchen zur Verfügung zu stellen – und so sich selbst vor der ganz neuen viralen Bedrohung zu schützen. Darüber, dass die Teilnahme an diesem Experiment wie auch die Impfung selbst nicht ganz freiwillig geschieht, wird noch zu reden sein.

Noch etwas aber haben wir gelernt. Schon früh, schon einst im April des Jahres 2020, lange bevor sich abzuzeichnen begann, dass der Ausnahmezustand keine Ausnahme sein wird und dass ein größerer Reset geplant und erforderlich ist, um uns alle zu retten, schon da ist uns bewusst geworden, dass wir auf Urlaubsfernreisen auch mal verzichten können, ohne umgehend schwere Depressionen zu entwickeln. Dass ein Himmel ohne Kondensstreifen gar nicht so übel aussieht. Dass Atemluft mit weniger Benzin- und Kerosinspuren drin besser riecht und schmeckt. Dass es im Urlaub nicht immer *all inclusive* in die republikanische Dominique gehen muss, sondern auch gern mal *nix inclusive* geht, zum Beispiel an die Nordsee.

Und wir haben ein neues Wort gelernt, nebst dessen inhaltlicher Bedeutung: »Systemrelevanz«. Was – und wen – wir temporäre Krisengeschüttelte dringend brauchen und was – und wen – nicht so dringend. Oder dringend nicht. Noch nicht abschließend geklärt haben wir bis heute, ob wir Künstler, Köche, Kellner und Kosmetikerinnen benötigen, und hinsichtlich der Systemrelevanz unserer 40–60 Prozent Bullshitjobber[89], darunter etliche unserer behördlichen Verwalter, haben wir die Diskussion qua Weiterzahlung aller Löhne und Gehälter erstmal vertagt bis Mitte

2021 oder 2022, aber das hat ja auch Zeit und soll uns hier nicht vom Wesentlichen ablenken. Dem Wesentlichen – der Systemrelevanz. Denn die ist im Verlauf des Jahres vor lauter Streit um PCR-ct-Zyklen, Intensivbettenbelegung und Infektionsschutzgesetzfolgen in den Hintergrund gerückt, also wollen wir sie kurz wieder ins Licht holen, da sie von größter Bedeutung ist für unsere Zukunft.

Wir haben, beginnend im April, gesehen, was und wen wir brauchen, um selbst in der Krise gut und gern zu leben in diesem unserem paradiesisch ausgestatteten Land: Wir brauchen Ärzte und Pfleger, wir brauchen Bauern und Erntehelfer, die den Spargel aus der Erde holen, wir brauchen Menschen, die die Ernte (von Karotte bis Klopapier) an den zahlreichen Ausgabestellen verteilen (vulgo: Rewedekamila). Wir brauchen die Feuerwehr, die Müllabfuhr und diese Leute mit schicken Mützen, die Gauner jagen. (Nein, die Liste ist beileibe nicht vollständig). Was die Produktion von Handfestem betrifft (von Möhre bis Papier), haben wir im April festhalten dürfen, dass nur 25 Prozent der Arbeitsplätze in Deutschland solches Handfeste herstellen[90], wobei selbst von diesem prozentual wenigen Festen indes bei Betrachtung unterm Krisenlicht das meiste sich als Luxus oder jedenfalls als nicht essenziell erweist. Satte 75 Prozent des hierzulande »Erzeugten« (von 80 Prozent der deutschen Unternehmen) sind schlicht Dienstleistungen, der größte Teil dieser Dienste wird geleistet in den

Bereichen Verwaltung, »Handel mit/Reparatur von Kraftfahrzeugen« sowie Unternehmensoptimierung, Werbung und Marktforschung. Der Anteil der Menschen hingegen, die »die Gesellschaft am meisten braucht (und) die wirtschaftlich am schlechtesten entlohnt (werden)« (Klaus Schwab)[91], also jene, die reale und nützliche Dienste leisten – von Putzen bis Beackern, von Haareschneiden bis Kellnern, liegt seit hundert Jahren unverändert bei etwa 20 Prozent. Auf diesem Chassis, das durchaus etwas mit Fundamentalökonomie zu tun hat, rollt unser buntes, blinkendes, rasendes BIP-Hamsterrad mit all den schicken Gadgets. Das fällt normalerweise keinem auf, aber wenn dann doch mal kurz ein Kilo Sand zwischen Hamster und Getriebe fällt, dämmert es so manchem vage: Was die meisten von uns täglich so »arbeiten«, ist offensichtlich nicht essenziell, nicht wesentlich. Es füttert uns nicht, es macht uns nicht wieder gesund (eher krank), es stellt auch keine Tüte Mehl ins Regal. Und so beschleicht uns die Ahnung: Wir können vielleicht sogar ganz gut ohne Unternehmensanwälte leben, die im Interesse ihres Unternehmens gegen das Gemeinwohl agieren; ohne Steuerberater, Hartz-IV-Schikaneure und ohne Investmentbroker; ohne die hundertfach überbesetzten Verwaltungen von Krankenkassen und Versicherungen – zumal wir ja plötzlich auch ganz viele andere Dinge können. Zum Beispiel uns kollektiv, solidarisch einschließen, Fieber messen und

Grenzen kontrollieren, klar, aber auch eine Billion Euro aus dem Nichts stampfen oder schöpfen, damit Millionen Menschen weiterhin ihre Vermieter und Stromversorger glücklich machen können, selbst wenn sie mal ein Jahr nicht arbeiten. Dächte man sich nun auch noch die ganze strikt restriktive Verwaltung weg, den fünf Millionen Mann und Frau starken Behördenapparat, der sich ohnehin weitestgehend aufs Verbieten und Bestrafen verlegt hat, weil wir ja alles Vernünftige schon selbst können, spürt man doch plötzlich und nicht ohne sonderbares Behagen einiges an Spielraum, viel Luft nach oben und nach allen Seiten.

Obendrein sind wir im April vergangenen Jahres daran erinnert worden, dass unser systemirrelevantes Treiben offenkundig permanent Ressourcen verbraucht, die wir nicht haben, und bei dieser irrelevanten Verheizung auch gleich noch unsere Atemluft wirksam versaut, nicht nur in Wuhan und Norditalien, sowie unseren Kindern die Zukunft. Das war, simpel, die erste Lektion, die Covid uns erteilt hat, unter der Venus am Frühlingshimmel, es ist, im Doppelsinn: genug!

Unsere Hoffnung, es liege tatsächlich die Möglichkeit zu nachhaltiger Veränderung in der Luft, war allerdings nur von kurzer Dauer. Denn wir haben direkt nach dieser ersten Lektion auch gleich eine zweite gelernt: Der gesunde Menschenverstand hat leider keine Lobby. Unsere ewiggestrigen, ewig fantasie- und mutlosen

Vertreter, angeführt von Mutti, Wumms, Söderle und deren wirtschaftsweisen Schamanen, haben die im Raum stehende Option nicht einmal sekundenlang eines Blickes gewürdigt, stattdessen blitzartig erkannt, was alternativlos ist: Die Rettung. Der Wirtschaft.

Es führte zu weit, hier im Detail darzulegen, weshalb die von Merkel beschworene »marktkonforme Demokratie«[92] weder marktkonform noch demokratisch ist. Hier soll uns die Feststellung genügen: Wer unter den seit März herrschenden neuen Bedingungen die aus der Luft geschöpften Abermilliarden ausgerechnet an die TUI überweist, hat offenbar ein Kilo Watte in den Ohren und hört Schüsse nicht mal mehr dann, wenn sie direkt neben dem eigenen Kopf abgefeuert werden. Die TUI? Die Lufthansa? VW? Kurzarbeitergeld bis zum Horizont für die Millionen Mitarbeiter von Firmen, die schon vor Covid nur noch unter »Zombies« liefen? Und all diese Maßnahmen und Entscheidungen werden unbeeindruckt, blind und taub für die systemrelevante Realität getroffen, als gäbe es »nach Covid« eine Rückkehr ins Old Normal, als *könnte* es eine solche Rückkehr überhaupt geben? Als wäre das wünschenswert?

Kürzen wir hier ab: Nach Ansicht und Willen unserer Anführer kehrt entweder die alte Normalität zurück, nur unter verschärften Bedingungen, weil wir alle und unsere Kinder für die wegen Covid aufgenommenen neuen Schulden aufkommen müssen, oder es kommt zum segensreichen

New Normal, nur unter verschärften Bedingungen, weil wir alle und unsere Kinder für die wegen Covid aufgenommenen neuen Schulden aufkommen müssen und unterwegs auch noch unsere Freiheit abgeben. Weitere Optionen gibt es nicht.

Also nehmen wir eine von denen, die vernünftige.

Diesen Weg könnten wir den dritten nennen, wenn der »dritte Weg« nicht längst historisch kontaminiert wäre, also nennen wir unseren Weg doch gleich selbstbewusster beim Namen: den »Menschenweg«. Dieser führt weder rückwärts ins »Old Normal« noch abwärts ins »New Normal #1«, sondern vorwärts – und nimmt seinen Ausgangspunkt oberhalb der beiden Wege, die die Verschwörergruppen »Team Old« und »Team Bill« einzuschlagen planen. Die dritte Verschwörung ist die des »Team Mensch«.[93] Ziele sowie Grundannahmen dieses Teams unterscheiden sich radikal von den Zielen und Grundannahmen der beiden anderen Verschwörungsgruppen.

Die Ziele und Grundannahmen des Team Old teilt Team Mensch ausdrücklich nicht.

Team Mensch teilt indes die Grundannahme des Team Bill wie des freitags für die Zukunft demonstrierenden Team Greta: Das Einzige, was die größten Probleme der Welt verbindet, sind wir. Es besteht insofern große Einigkeit, dass wir vieles grundsätzlich ändern müssen, wollen wir nicht untergehen. Team Bill, Team Greta und Team Mensch wissen, dass die Welt dringend neu

geordnet werden muss. Hinsichtlich des »Wie«
aber könnte die Uneinigkeit größer nicht sein.

Vor dem Blick auf die Überzeugungen, Ziele
und konkret zeitnah zu treffenden Vorkehrun-
gen von Team Mensch aber muss hier nun endlich
doch noch auf den von Team Bill ins Zimmer ge-
stellten Elefanten gedeutet werden, der nicht nur
sehr groß ist, sondern obendrein einen schicken
grauen Sprengstoffgürtel trägt.

Entscheidend und gern unter den Teppich
gekehrt wird mit Hinweis auf »Uns wird schon
was einfallen« die lange bekannte und seit März
2020 abermals bekräftigte Tatsache, dass wenigstens 60 Prozent der Jobs, die wir derzeit machen,
überflüssig sind und nur dem BIP-Wachstum
dienen. Das BIP eignet sich aber als Maßstab
unseres Wohlergehens ungefähr so gut wie ein
Fieberthermometer zum Messen des Reifen-
drucks – wie nicht nur Klaus und Greta wissen,
sondern auch etliche Staatsvertreter und No-
belpreisträger. Leider kommen wir diesbezüglich seit Jahrzehnten nicht weiter, und nachdem
sich selbst Genies wie Wirtschaftsnobelpreisträ-
ger Joseph Stiglitz an dem Teufelsding die Zähne
ausgebissen haben, ist es wohl friedlich nicht zu
besiegen.[94] Bill und Klaus haben dieses Kernpro-
blem erkannt, glasklar: »Die übermäßige Abhängigkeit der politischen Entscheidungsträger vom
BIP als Indikator für wirtschaftlichen Wohlstand
hat zum gegenwärtigen Zustand der Erschöpfung
natürlicher und sozialer Ressourcen geführt.«[95]

Und: »Wir wissen noch nicht, ob die ›Tyrannei des BIP-Wachstums‹ ein Ende haben wird. Verschiedene Signale deuten jedoch darauf hin, dass die Pandemie Veränderungen vieler unserer fest verankerten sozialen Normen beschleunigen könnte.«[96] Also werfen wir mal einen genaueren Blick auf den Tacho, mit offenen Augen für das Undenkbare. Da wir 60 Prozent unserer Jobs nur machen, diese Jobs überhaupt nur erfunden haben, um das BIP zu steigern und immer mehr Geld hin und her zu bewegen, und sei es auch noch so sinnlos, werden mit Ende der »Tyrannei des BIP-Wachstums« 60 Prozent unserer Arbeitskräfte nicht mehr benötigt. Fragt sich nur, was diese 60 Prozent nach dem von Team Bill herbeigewünschten Neustart machen sollen. Klaus hält sich hierzu bedeckt, und auch WEF-Visionärin Auken übersieht oder verschweigt bei ihrem Blick in die schöne neue Zukunft etwas Wesentliches: Wenn 60 Prozent nicht mehr gebraucht werden, weder, wie einst, in den Fabriken noch auf den Feldern noch auf den Schlachtfeldern noch in der Verwaltung, geschweige denn, wie bis zuletzt, als Bullshitjobber, sind 60 Prozent schlagartig »Expendables« – Entbehrliche.

Das ist der doppelte Boden unter der Downside »Ende der Freiheit«. Nicht nur kommen wir zeitnah mittels moralischer Verpflichtung zur Dauerimpfung in den Genuss digitaler Pässe und totaler Sicherheitskontrolle – BIP-Ende, KI-Diktat und transhumanistischer Imperativ bedeuten eben auch, dass fortan sachliche, zweckdienliche Überlegungen anzustellen sind, ob denn der Erhalt einer so großen Zahl von Menschen überhaupt zielführend ist. Hierbei ist das übergeordnete Ziel ganz selbstverständlich als Überleben der Menschheit an sich definiert, denn eben jenes Überleben ist ja, wie wir alle wissen, durch den primär von Menschen verursachten Klimawandel massiv gefährdet. Und dabei wollen wir nicht verschweigen, dass die Hauptsubstanz dieser Riesengefahr ausgerechnet jene ist, die mit unserer allermenschlichsten Neigung engstens zusammenhängt.

Anders als Maschinen atmen wir nämlich.

Und wir atmen auch wieder aus. Nämlich CO_2.[97]

Einen im Sinn: Das nächste große Problem, das Bill lösen will und wird, nachdem 7 Milliarden Menschen ihr Impf-Abo erworben haben, ist das Klimaproblem, und die Reduktion des CO_2-Ausstoßes ist dabei solide etabliert als »missionskritisch«. Unsere kleine eigene CO_2-Manufaktur, das Ausatmen, ist dabei nur ein wegweisendes Symbol, nicht das eigentliche Problem. Auch unsere Zahl, die derzeitigen 8 Milliarden, ist nicht das eigentliche Problem, denn die Welt ist nicht überbevölkert im Sinne von »voll« – stellte man die 8 Milliarden nebeneinander, passten immer noch alle Bewohner dieser Erde in die Grenzen unseres Bundeslandes Hessen.[98] Das eigentliche Problem sind Verhalten und Ansprüche der 8 Milliarden, von der Kreuzfahrt bis zur Dauerwurst[99] – bis hin zur grandiosen Idee, das durch unsere untauglichen Ideen verursachte Desaster durch weitere untaugliche Ideen beheben zu wollen (»grünes Wachstum«).

Emotionslos betrachtet (also aus der rationalen Sicht einer Maschine), lässt sich hier nur ganz sachlich festhalten: Andere Menschen könnte der Planet massenhaft verkraften, aber von *diesen* Menschen sind zu viele da. Mit dieser Schlussfolgerung aber wird es endgültig eng für uns, die 60 Prozent, denn nicht nur werden wir nicht mehr gebraucht, sondern wir gefährden obendrein durch unser unverbesserliches Tun und Treiben (fortwährende CO_2-Ausatmerei symbolisch inklusive) das Überleben der ganzen Gruppe. Nun wissen wir natürlich, ebenso wie die Maschine, das zum Erhalt der Spezies Mensch schon zur Zeit der Toba-Katastrophe (vor 75.000 Jahren) nur 10.000 Exemplare erforderlich waren. Mit den etwa 10 Millionen, die wir vor 10.000 Jahren waren, vor unserem Abbiegen Richtung »Luxusfalle« landwirtschaftliche Revolution[100], war unser Überleben unter den vielen Arten des Planeten definitiv für immer sichergestellt. Mit der guten einen Milliarde, die wir um 1800 zählten, kurz vor Beginn der industriellen Revolution, lässt sich gleich doppelt und dreifach ganz hervorragend auskommen und leben. Mit dem exponentiellen Wachstum danach tendenziell auch, aber nur, sofern alle sich benehmen und bescheiden. Und das tun sie ja nicht. Können sie nicht. Nachweislich. So ist die kommende »schöne neue Welt«

des Team Bill und seiner KI-Rechenmaschinen, unausgesprochen, eine mit wesentlich weniger Menschen, es genügt völlig, wenn nur die Systemrelevanten bleiben (ohne Eigentum) sowie jene 10 Prozent, die alles besitzen.[101]

Das ist ein hässlicher, unmoralischer, kalter Gedanke. Könnte glatt von einer Maschine sein, auf so was kommt doch kein Mensch. Na gut, doch, Ted Turner, Gorbatschow, Cousteau sind ja schon vor Langem draufgekommen und haben die unangenehme Wahrheit sogar ausgesprochen: 500 Millionen reichen aus.[102] Aber gemach – das ist natürlich Unsinn, halten wir den Ball ein bisschen flacher, denn unsere 10 Prozent Allesbesitzer, das sind ja schon 800 Millionen, die bleiben wollen und müssen, und diese 800 Millionen brauchen neben ihren smarten Maschinen garantiert auch weiterhin 1,2 Milliarden billige Sklaven (überall dort, wo sich das Konstruieren und Hinstellen von Maschinen partout nicht rechnet). Die Systemrelevanten dürfen also auch bleiben.

Das bedeutet aber immer noch: 6 von 8 Milliarden sind grundsätzlich ... über.

Die können weg. Grundsätzlich.

Auf diese Idee könnte jemand kommen. Ja, es steht zu befürchten, dass diese Idee bereits kursiert. Sie ist ja durchaus nahe liegend. Und sie steht unausgesprochen hinter der Vision, die Welt, den ganzen Planeten in eine blühende Landschaft zu verwandeln. Ja! Absolut! Das geht. Für alle. Für die ganzen 2 Milliarden.

Sicher, diese so dringend notwendige Reduzierung der Menschheit ließe sich auch auf dem Weg erreichen, den das Team Bill offen propagiert, seit Jahrzehnten, dem Weg der Geburtenkontrolle. Gratis beim Impfen mitgelieferte Verhütungshormone sind ein denkbarer, wenngleich bislang nicht erprobter Weg[103] – aber es ginge ja auch anders, nämlich mittels Bildung, Emanzipation, gerechterer Verteilung. Wir wissen doch längst, dass die Reproduktionszahl in Richtung » < 1« sinkt, je größer die Unabhängigkeit und der Bildungsgrad von Gesellschaften, insbesondere der Frauen, sind. Und weniger Kinder bedeuten eben zwangsläufig, langfristig, einen ganz natürlichen Rückgang der Gesamtbevölkerung. Wir müssen also lediglich erreichen, dass im Jahresverlauf weltweit mehr Menschen auf natürliche Weise versterben, als Menschen geboren werden.

Aber das dauert. Optimistischen UN-Schätzungen zufolge nähern wir uns dem Equilibrium, in dem jährlich gleich viele Menschen geboren werden und sterben, auf kurz oder lang – nach dem Jahr 2099.[104] Bis dahin ist von einem jährlichen globalen Bevölkerungszuwachs von wenigstens einem Prozent auszugehen, also umgerechnet alle 365 Tage einem neuen Deutschland, 80 Millionen netto. Moderat veranschlagt. Einer der Leiter von Bills Forschungslaboren für rechnergestützte Naturwissenschaften *(Computational Sciences)*, Stephen Emmott, wies aber schon 2013 in seinem kleinen Weltbestseller

10 Milliarden darauf hin, ändere sich an der bestehenden Geburtenrate nichts, landeten wir zur Jahrtausendwende nicht bei 10, sondern bei 28 Milliarden. Das Fazit des Microsoft-Laborleiters lautete schon damals: »Wir sind nicht zu retten« – außer wir unternehmen etwas tatsächlich Radikales. (Und bringen unseren Kindern parallel das Schießen bei).[105] Gleich wie – ob wir auf 10 oder auf 28 Milliarden zusteuern: Das Klimaproblem, Bills neues Steckenpferd, können wir nicht erst 2025 in Angriff nehmen, das Klimaproblem drängt, und Pandemien wie die derzeitige leisten schon gar keinen Beitrag zur Lösung, denn die im Jahresverlauf 2020 angefallenen tragischen An-und-Mit-Covid-Verluste von 2 Millionen Leben konnten wir überaus erfreulich ausgleichen, mittels Geburten. Binnen einer Woche. Also alljährlich 52-fach.[106]

Einer Maschine kann das alles nicht zielführend erscheinen. Eine Maschine muss doch ganz entschieden zu dem Schluss kommen: Die Lage ist ernst. Es eilt. Und der Schlüssel kommt direkt aus dem Maschinenraum: 2 Milliarden genügen. Alle anderen können weg.

Zeit für ein Pausenzeichen – und für einen kurzen Ausflug ins Grundsätzliche. Sich den Worst Case vorzustellen deutet nicht auf eine zugrunde liegende Neigung zur depressiven Schwarzsicht, sondern ist Ausweis eines Planungswunsches. Nur wer den Worst Case erkennt, kann versuchen,

ihn zu verhindern oder sich auf die Folgen vorzubereiten. Team Mensch geht also nicht davon
aus, dass Team Bill 2021 mit selbst gezüchte-
ten SARS-CoV-3.0-Varianten unter der falschen
Flagge »Bioterrorismus«[107] direkt zum Großan-
griff auf 6 Milliarden überflüssige Kohlenstoff-
einheiten losgeht, sondern Team Mensch konstatiert lediglich, sehr bescheiden, dass auf eine
so verwerfliche Idee durchaus jemand kommen
könnte, da ja sogar schon das gar nicht verwerfliche Team Mensch darauf gekommen ist.

Team Mensch weiß aber auch, dass an einer
Erörterung dieses Worst-Case-Szenarios derzeit
noch keinerlei Bedarf bei den 80–90 Prozent
besteht, die wahlweise blind abwärtsträumen
von einer Rückkehr zur alten Normalität – oder
deren finanzielles Überleben direkt oder indirekt
vom Funktionieren des Staatswesens abhängt, in
dem sie sich seit ihrer Geburt aufhalten. Team
Mensch erkennt die Trägheit der Masse als na-
turgesetzlich gegeben an und hat obendrein viel
Verständnis für bequeme Denkverweigerung. Wir
sind ja alle nur Menschen.

Je näher nun aber nach dem initialen Schock
(erster, zweiter, dritter Lockdown, Covid 1.1.9,
2.0, Covid22 et cetera pp.), also der noch gar nicht
essenziellen Bewegungs- und Spaßeinschränkung,
die eigentliche Veränderung rückt, nämlich der
vom Team Bill gewünschte und forcierte Crash
unseres künstlich am Leben gehaltenen Wirt-
schaftssystems, desto unausweichlicher wird es

auch für die 80–90 Prozent, ihre Nasen in die eigenen Angelegenheiten zu stecken. Sich auf diesen Moment vorzubereiten ist daher für jedermann und -frau schon aus ganz egoistischen Gründen eine gute Idee – aber eben auch aus solidarischen Gründen.

Schlagartige Staatspleiten mitten in der EU (Deutschlands Pleite inbegriffen) sind für uns undenkbar, unvorstellbar, denn wir kennen nichts anderes als ein funktionierendes Staatswesen. Was dem Fisch das Wasser ist, ist uns der Staat. Wir kennen kein Leben ohne dieses Element, und wir können es uns auch nicht vorstellen. Der Staat beschäftigt uns, organisiert alles für uns, versorgt uns, subventioniert und konsumiert direkt oder indirekt mehr oder weniger – alles, von der Geburt bis zur Bahre. Dass Staaten durchaus scheitern können, machen wir uns dabei kaum bewusst. Falls es solche Staaten je gab, dann sind die weit weg. Und bestimmt sind die längst wieder repariert. Von der UN oder der FED oder der Troika. Libanon, Libyen, Syrien, Haiti, Argentinien – alles weit weg, nichts davon übertragbar auf uns. Prävention ist diesbezüglich ebenfalls undenkbar. Denn das Ende des Staates an sich befindet sich ebenfalls außerhalb – nämlich des für uns zugänglichen Gedankengebäudes. Daher besteht erst in dem schockierenden Augenblick, in dem das Undenkbare geschieht und sich der Staat *tatsächlich* auflöst, unsere gemeinsame Chance auf Veränderung und Besserung. Erst wenn keine

Denk- und Gesprächsbereitschaft mehr von den vielen erbeten oder gefordert werden muss, sondern von einer veränderten Realität erzwungen wird, können wir gemeinsam, ergebnisoffen, unsere Zukunft planen und gestalten.

Auf den kollektiven Schock muss das Team Mensch vorbereitet sein. Darauf, dass von einem Augenblick auf den anderen für die meisten Menschen ein Zustand eintritt, in dem sie sich nicht nur fühlen wie »im falschen Film«, sondern »statt im Kino auf einer Eislaufbahn«. Oder, vielleicht noch passender, wie Schachfiguren auf einem Mensch-ärgere-dich-nicht-Brett; Figuren, deren essenzielle Denk- und Verhaltensmuster schlagartig sinnlos werden. Dieser Augenblick ist gefährlich, deshalb arbeitet Team Mensch daran, den Aufprall zu dämpfen, der auf die vielen zukommt. Aber bis die Gestaltungsphase beginnt, wird Team Mensch im Verborgenen wirken und kommunizieren.

Team Mensch? Jetzt mal zur Sache: Wer soll das sein, wer sind die, was wollen die? Wie viele sind das? Und wieso kommunizieren die nicht offen, so was machen doch nur Verschwörer und Terroristen!

Nein, beileibe nicht. Auch höfliche Nichtterroristen halten sich gelegentlich bedeckt. Auch und gerade dann, wenn ihnen die Handlungsoptionen temporär fehlen. Natürlich hat das Team Mensch schon einst im Mai 2020 seine Optionen diskutiert, als sich das totale Zukunftsdeutschland am Horizont abzeichnete. Mit immerhin 20 Prozent Nicht-so-ganz-Einverstandenen unter den Mitbürgern wäre man ja immerhin auf etwa 16 Millionen Bürger gekommen, lebensnah Risikobewusste ohne heillose Panikneigung. Mit denen wäre ein »schwedischer Zukunftsweg« problemlos machbar, mit viel Leben und ohne Masken, 16 Millionen sind viele, immerhin 5 Millionen mehr, als ganz Schweden an Einwohnern zählt, und diese 16 Millionen wären wohl auch bereit gewesen, das unbeliebteste der deutschen Bundesländer als ihr neues anzunehmen, als Freie Deutsche Republik, als FDR. Es wären nicht einmal Einreiseverbote gegen jene 80 Prozent verhängt worden, die den Rest des Landes für sich behalten hätten, dauergeimpft und ohne Restaurants und Kinos. Da allerdings die 80 Prozent den 20 Prozent hätten *erlauben* müssen, die FDR zu gründen und wohl kein Bundesland, nicht einmal das unbeliebteste, hergegeben hätten, musste das Team Mensch diesen Traum als leider komplett unrealistisch beerdigen.

Die Einsicht folgte, fast ohne Bedauern: Wir alle sind aneinander gebunden, miteinander verbunden, als Nachbarn, Mitmenschen, Bewohner eines mehr oder weniger zufällig begrenzten Landstriches, mit einer gemeinsamen Verwaltung und Regierungsbehörden. Wir saßen und sitzen in einem Boot, das Boot hat ein Leck, und das baden wir jetzt zusammen aus. *Wie* wir das *genau* machen, besprechen wir natürlich alle zusammen, respektvoll, unter gründlicher Abwägung aller Aspekte und Interessen, denn es steht ja viel auf dem Spiel, besser gesagt: alles. Also hören wir einander zu. Zivilisiert. Freundlich. Offen. Auf Augenhöhe.

Selbstverständlich. Dachten die Teammenschen.

So kann man sich täuschen.

Denn leider, befänden wir uns hier in einer Paartherapiesitzung, entsprächen unsere Liierten Teammenschin Susi und ihrem Gatten Karl – der guten Susi, freundlich, gesprächs- und kompromissbereit, und ihrem Karl, auch kompromissbereit, auch willens, die Ehe zu erhalten, allerdings auf der nicht verhandelbaren Basis, dass Susi ab jetzt für immer die Schnauze hält und rund um die Uhr tut, was er sagt. Sofern das gegeben ist, wird er sogar aufhören, sie jeden Tag zu verdreschen. Vielleicht.

Auf der einen Seite sitzt also Susi mit ihrem Wunsch, friedlich miteinander zusammenzuleben, Karl seine Freiheit zu gewähren, sofern dies nicht ihre eigene beschränkt – und genau darüber offen zu sprechen. Auf der anderen Seite sitzt Karl, dauerberauscht, komplett unzurechnungsfähig und gemeingefährlich, außerdem wiegt er 240 Kilo und Susi nur 55.

Susi ist lieb, aber nicht doof. Und schon gar nicht lebensmüde. Karl braucht dringend Hilfe. Und Susi braucht erst mal eine eigene Wohnung. Im inneren Emigrationsviertel ist was frei, Stille

Gasse Nr. 11. Dort, in Sicherheit, kann und wird Susi mit ganz doll viel Liebe und Verständnis weiter spekulieren, ob Karls Störung aus Angst geboren ist, aus Dummheit oder aus Faulheit, aber sie wird das nicht in der Praxis tun, nicht *mit* Karl. Er versteht ja gar nicht, worum es geht. Karl kann nur hauen. Daher hält sich Susi einstweilen an die AHA-Regel: Atmen (tief und frei), Hygiene (auch seelisch), Abstand halten (zu Karl und seiner Faust).

Es ist nicht bekannt, wie viele Susis es gibt, wie viele Mitglieder das Team Mensch hat. Es ist ebenso wenig bekannt, wie viele Deutsche bisher mit dem Team Mensch sympathisieren, ob 0,0001 Prozent oder 25 Prozent, die Schätzungen reichen von 500 bis 20 Millionen. Öffentliche Bekenntnisse, der Gruppe anzugehören, gibt es keine, denn anders als die Old-Normal- und Team-Bill-Verschwörer müssen bekennende und offen ihre Absichten kommunizierende Teammenschen damit rechnen, gesellschaftlich geächtet oder von Maskenträgern zwangsgeimpft zu werden. Die im folgenden wiedergegebenen Absichten und Ziele der Verschwörergruppe basieren daher auf Vermutungen, Hörensagen und Gerüchten.

Es dürfte zutreffen, dass die Team-Mensch-Verschwörung, streng genommen, gesetzes- und obrigkeitswidrig ist, allerdings nur insofern, als die inzwischen herrschenden Gesetze undemokratisch sind und teilweise schlicht verfassungswidrig, getragen von Lüge und Vertuschung, durchweht vom Geist der Unfreiheit. Solange dies gilt, erst recht, so Verfassungen weiter außer Kraft gesetzt bleiben, gilt für Team Mensch selbstredend mit Papst Leo XIII.: »Wo Recht zu Unrecht wird, wird Widerstand zur Pflicht, Gehorsam aber Verbrechen.« Dem »Widerstand« sei indes ausdrücklich ein »friedlich« vorangestellt, denn Terroristen sind die Teammenschen ausdrücklich nicht. Terroristen verbreiten laut Definition und Resolution 1566 des UN-Sicherheitsrates »mittels ihrer Medien und ihrer Einsatztruppen systematisch und oft willkürlich erscheinend Angst und Schrecken, um Bevölkerungen einzuschüchtern und zu nötigen, um ihre politischen und wirtschaftlichen Ziele zu erreichen«. Diese Beschreibung trifft wohl auf die Einsatztruppen und Medien des Team Bill zu, aber nicht auf die friedlichen Einsatzabwartetruppen des Team Mensch. Zur etwaigen Erreichung ihrer politischen und wirtschaftlichen Ziele müsste Team Mensch aber sowieso keine Bevölkerungen einschüchtern oder staatliche Ordnungen bedrohen, denn die bestehende staatliche Ordnung schafft sich ja gerade selbst ab und benötigt dabei gar keine Unterstützung, schon gar nicht die von Teammenschen.

Na schön. Jetzt wissen wir, was Team Mensch *nicht* ist. Aber nochmals: Was *ist* Team Mensch? Was sind das für Leute? Sozialisten? Anarchisten? Nationalisten? Querdenker? Demokratischer Widerstand? Philosophen, Maschinenstürmer,

militante Veganer, Aluhüte mit astreinem Stamm-
buch bis zurück ins Dreistromland auf Cassiopeia?

Nichts davon. Aber Chinesen sind die Teammenschen auch nicht, das sei hinzugefügt, weil
es nicht unwichtig ist. Die Mitglieder des Team
Mensch haben von Kindesbeinen an die Freiheit
gekostet, und so was macht abhängig. Freiheit ist
wie Alkohol und Zigaretten. Wer einmal richtig
guten Rotwein getrunken hat (Demokratie &
Menschenwürde, Lese 1948–2000), dessen Begeisterung für Indianerschnaps mit rotem Farb-
stoff hält sich doch in sehr engen Grenzen, und
wenn man dem Kenner dann die Plörre auch noch
als »92 Parker-Punkte!« andrehen will, wird nicht
geklatscht, allenfalls vor die eigene Stirn.

Team Mensch appelliert mit Bertrand Russell
und Albert Einstein »als Menschen an die
Menschheit: Besinnt euch eurer Menschlichkeit
und vergesst alles andere«.[108] Team Mensch sym-
pathisiert mit basis- und liquiddemokratischem
Gedankengut (siehe unten), ist frei, gerecht, solidarisch, vor allem aber getragen vom Glauben
an des Menschen Anstand und seine Fähigkeit zu
gelebter Güte und gelebtem Vertrauen.

Die Veränderung, die Team Mensch anstrebt,
ist grundlegend, keine Reform oder Korrektur im
Kleinen, denn im Mittelpunkt seiner Weltsicht
stehen die allgegenwärtigen Forderungen: Es sei
gut, und es diene dem Menschen. Präziser formuliert, ist für das Ausüben *jedweder* Handlung kategorische Bedingung, dass diese Handlung dem

Menschen nützt. Leistet eine Handlung das nicht, hat sie zu unterbleiben. (Zu den Details kommen wir gleich.) Mitglieder des Team Mensch haben wenig oder nichts dagegen einzuwenden, wenn man sie liebevoll als »Radikalhumanisten« bezeichnet – bekommen aber sofort schlechte Laune, wenn man das mutwillig zusammenschmeißt mit irgendwelchen absurden Gleichmacherideologen oder Radikalhumanismus mit Hyperhumanismus verwechselt.

Betrachten wir also Ziele, Anliegen und Überzeugungen des Team Mensch etwas ausführlicher und bedienen uns dabei der vorliegenden Grundsatzerklärung der Gruppe, verfasst und unterzeichnet von – niemand, natürlich. Wie es sich für Verschwörer gehört.

#1: Memento mori. Wir leben und handeln im Bewusstsein, dass wir sterblich sind. Wir wollen alle nicht sterben. Wir müssen aber. Das wollen wir aber gar nicht wissen. Wir müssen aber. Wir wissen nicht, wann und wie wir sterben müssen. Wir haben darauf keinerlei Einfluss. Wir können achtsam sein und Gefahrensituationen meiden, aber auch die beste Biokost schützt nicht vor Meteoriten. Wir können uns selbst schützen (so Gott[109] will). Wir können andere vor uns selbst schützen (so Gott will) und uns vor ihnen (so Gott will). Aber wir bleiben jederzeit sterblich. Darum zu wissen unterscheidet uns von der Maschine. Und das ist wesentlich. Denn die Aussagen »Ich will nicht sterben« und »Ich will leben« sind für die Maschine im Ergebnis gleichbedeutend: In beiden Fällen ist der Wunsch nach Weiterexistenz geäußert, während Nichtexistenz dringend zu vermeiden ist. Die Maschine wird daher geeignete Optionen vorschlagen, um das Ziel »Weiterexistieren« mit allen Mitteln zu bewirken. Wir aber wissen, dass hier ein Missverständnis vorliegt, in Form einer für die Maschine nicht existenten Grauzone, denn für uns sind »Nichtsterben« und »Leben« eben nicht dasselbe. Und zwar ganz und gar nicht.

#2: Es gilt der erweiterte kategorische Imperativ. »Handle nur nach derjenigen Maxime, durch die du zugleich wollen kannst, dass sie ein allgemeines Gesetz werde«, im Volksmund: »Was du nicht willst, was man dir tu, das füg auch keinem anderen zu« – und im Übrigen füge man hinzu: Füge auch anderen nichts zu, was du dir selbst gern zufügst, was aber andere nicht mögen. (Wenn du dir gern die Fußnägel beim Abendessen auf dem Tisch schneidest, mach's trotzdem nicht). Beim Handeln nach unserem inneren Gesetzeskompass folgen wir gründlicher Abwägung, nicht spontanen Gefühlen (»mag ich/mag ich nicht«), wir berücksichtigen auch weitreichende Folgen, beziehen also durchaus die ganze Menschheit mit ein (und tun nicht so, als endeten die Konsequenzen unseres Tuns am Gartenzaun). Wir sind der Wandel, den wir zu erleben wünschen, im Wissen: Handeln alle so wie ich, wird die Welt ein besserer Ort.

#3: All unser Handeln dient dem Menschen. Dies bedeutet: »Handle so, dass jede Wirkung deines Handelns mit dem Fortbestand wirklich menschlichen Lebens vereinbar ist.«[110] Wirkliches menschliches Leben umfasst zwingend sowohl das Atmen als auch allerlei Unberechenbares wie die Empfindung von Emotionen wie auch die eigene Sterblichkeit und das Wissen darum (siehe #1). Wirklich menschliches Leben unterscheidet sich mithin fundamental vom wirklich nichtmenschlichen Leben wie dem des Steines, der Wolke oder der Maschine.

#4: Unsterbliche haben kein Mitbestimmungsrecht. (Sie dürfen aber gern Vorschläge machen.) Wir erkennen an, dass wir der Maschine unterlegen sind, in vielerlei Hinsicht. Nicht nur kann die Maschine größere Lasten bewegen, sie ist auch rationaler als wir, effizienter, schneller, pragmatischer, vollständig berechenbar, fühlt nicht, isst nicht, verdaut nicht, tauscht keine Körperflüssigkeiten mit anderen Maschinen aus, schläft nicht, lacht nicht, atmet kein CO_2 aus, benötigt keine Pausen und verbraucht anders als wir weder Unmengen organischer Ressourcen noch 80 Prozent ihrer Energie zum Erhalt von Körperfunktionen. Aufgrund dieser Überlegenheit der Maschine sehnen die Transhumanisten im Team Bill den Tag der Singularität herbei, da der Mensch als fühlendes und körperliches Wesen endlich ausgemerzt werden kann und nur sein Bewusstsein bleibt – gespeichert auf klimaneutralen Festplatten und/oder zum gelegentlichen Upload auf nutzlose Körper. Der Hinweis auf diese Agenda ist uns 2020 nicht verborgen geblieben, sondern förmlich ins maskierte Gesicht gesprungen, denn tatsächlich war unter pandemischer Warnflagge alles verboten oder verpönt, was Menschen auszeichnet und was Maschinen schlicht weder brauchen noch können: jede Form von Nähe und Körperlichkeit (von der Umarmung bis zur Gruppenbildung, also z. B. Versammlungen, Flanierungen,

bis zum Kontaktsport, bis zum Sex), Unterhaltungen (»Sprechen kann genauso gefährlich sein wie Husten« (*Spiegel*[111]), Emotionen, ausgedrückt in Form von jedweder Mimik (Maskenpflicht = Gesichtsverbot), vegetative Affekte (Lachen und sogar Tränen galten als infektiös, also potenziell tödlich), generell qua Deprimierung möglichst weitreichende Einschränkung der Humorausübung, von Ironie und Überschwang. Allein die größte aller Lebensgefahren, das Ein- und Ausatmen, konnte in der Testphase nicht für Wochen oder Monate kollektiv eingestellt werden, hier bestand de facto ein noch nicht überwindbarer Zielkonflikt. Aber wir haben verstanden, wohin die Reise gehen soll. Vielmehr: sollte. Denn diese Reise ist hiermit abgesagt.

Wir konstatieren, dass wir unberechenbar sind und bleiben. Wir konstatieren, dass das, was wir »Ich« nennen, zu 80 Prozent aus Bakterien und Viren besteht. Wir konstatieren unser Selbst als geheimnisvolles System, das uns für immer rätselhaft bleiben wird. Wir konstatieren aber insbesondere, dass #3, »Es diene dem Menschen«, auch und besonders für die Maschine gilt und immer gelten wird. Der Mensch, atmend, sterblich, diene nie der Maschine. Die Maschine, unsterblich, nichtatmend, diene dem Menschen. Und das nicht zu knapp, denn Team Mensch ist zukunftsgewandt und alles andere als fortschrittsfeindlich. Die Maschine darf sich darauf verlassen, dass sie uns auch weiterhin richtig gutzutun hat.

#5: Wir leben Vertrauen. Es gelte als Prämisse: Alle Menschen sind im Grunde gut. Na gut, es sind nur 95 von 100, 5 von 100 sind Soziopathen. Diese 5 sitzen zwar leider noch auf allen Chefsesseln, aber das wird uns an nichts hindern. Wenn wir uns jederzeit erinnern: Wir alle (95 Prozent) sind anständige Menschen. Die Beweislast für diese Behauptung ist erschlagend und füllt ganze Bibliotheken,[112] wer was anderes glaubt, irrt. Richtig ist indes, dass wir uns nach fünfzig Jahren Aufenthalt in der geschlossenen Herz- und Gehirnwaschanlage allzu oft unanständig *verhalten*. Weil wir alles Wesentliche übersehen, unter anderem, dass wir längst keinen Grund mehr haben, mit irgendwem zu konkurrieren (da wir alles haben, siehe gleich), aber auch übersehen, dass wir eben nicht alle so wahnsinnig individuell verschieden sind, sondern im Wesentlichen wahnsinnig individuell gleich. Nicht nur genetisch, auch hinsichtlich unserer Tagesgestaltung und Wünsche (essen, trinken, verdauen, schlafen, Dach überm Kopf, nette Gefährten, Freunde, Sicherheit, Grillbesteck). Dummerweise leben wir seit wenigstens zwei Generationen in einem System, das uns reinsten Unsinn vorgaukelt und so völlig absurde, gefährliche Prämissen gesetzt hat. Primär jene, alle anderen seien ganz anders als wir, also jedes einzelne *Ich* – und wollten mich nur überholen, ausbooten und übers Ohr hauen. Wo aber *alle* solchen Unsinn glauben, führt dies als sich selbst erfüllende Prophezeiung mittels negativen Dauerfeedbacks genau zu dem Ergebnis, das wir täglich vorfinden: 95 Prozent anständige Menschen verhalten sich einander gegenüber rund um die Uhr misstrauisch und unanständig.

Technisch gesprochen, mit dem Team Bill: Wir sind diesbezüglich fest verdrahtet, Misstrauen ist unser DOS und unser Default Mode. An den Bedingungen unseres Disk Operating System hängt alles, jedes Programm von der Begrüßung Wildfremder (»Nicht lächeln!«), jede App bei der Jobsuche gegen lauter Konkurrenten (»Ingrid will dir doch nur deinen Job wegnehmen!«) bis zum Steuererklärungsprogramm (»Die anderen betrügen doch auch alle!«). Das Betriebssystem, auf dem all das basiert, ist gesetzt. Das lässt sich nicht korrigieren.

Aber ersetzen.

»Vertrauen« verhält sich zum bislang eingesetzten System wie Linux zu MS-DOS. Und natürlich erfordert der Austausch dieses nicht austauschbar wirkenden Kernprogramms vor allem eines. Nämlich Vertrauen. Also genau das, was das Programm erst erzeugen soll.

Der Übergang ist nicht sanft zu gestalten. Das ist ein Sprung in kaltes Wasser. Natürlich werden wir uns dabei ein bisschen mulmig fühlen (oder sehr). Aber wir verfügen über starke Mittel, uns dieses Herantasten ans kalt (wirkende) Wasser zu erleichtern. Es sind dies die Anreize, die wir setzen. Die Parameter oberhalb des Disk Operating System, zu denen wir weiter unten bei unseren Parolen kommen. Hier sei nur festgehalten: Radikales Vertrauen beginnt im Kopf, in der Fantasie ersetzen wir hier und jetzt mit sofortiger Wirkung das BGE durchs BGV (bedingungsloses Grundvertrauen). Und tasten uns in der Realität Schritt für Schritt heran an den Abbau von Blitzampeln und Hartz-IV-Kontrolleuren. »Offene Haustüren« und »alle Autoschlüssel ins Handschuhfach« können ja noch einen Augenblick warten.

#6: Wir leben Aufrichtigkeit. Diese Aufrichtigkeit beginnt bei uns selbst. Das Delphi-Motto verstehen wir so, wie es gemeint war. »Erkenne dich selbst« ist keine Aufforderung zum Feintuning der eigenen egozentrischen Vollmeise. »Erkenne dich selbst« bedeutet zunächst die Einsicht, dass wir

Menschen sind und als solche begrenzt, hinfällig, sterblich und zur Selbstüberschätzung neigend. Davor hüten wir uns. Wir erkennen daher explizit an: Wir sind nichts Besonderes. Und wir machen uns nichts vor, insbesondere was unsere Motive betrifft, wir lügen uns nicht in die Tasche. Wir erhöhen uns nicht verlogen zu Rettern der Menschheit, der Freiheit oder der Demokratie, wir nennen nicht Entwürdigung »Sozialhilfe«, und wir nennen auch nicht Hilfsprogramme für unsere heimische Industrie »Entwicklungshilfe«. Wir machen uns nichts vor. Wir sind Schurken. Wir sind Bewohner der ersten Welt, ohne eigenes Verdienst im Paradies geboren, wo in jeder Hauswand kleine weiße Sklavenhorden uns zu Diensten sind, die wir Steckdosen nennen. Und wir bleiben Schurken. Wir werden nicht alles mit jedem gerecht teilen. Wir werden uns um mehr Gerechtigkeit bemühen, nebenan wie weltweit, aber alles hat Grenzen. Wir machen uns nichts vor. Wir machen die Welt besser. Aber nicht sofort gut. Wir werden nicht 400 Millionen Flüchtlinge aufnehmen. Im Gegensatz zu den Heuchlern aber werden wir unseren Schwestern und Brüdern dort helfen, wo sie leben. Wir werden nicht all unsere Autos verschrotten, aber im Gegensatz zu den Heuchlern werden wir sie nicht durch Elektromobile ersetzen, sondern öfter mal stehen lassen. Wir werden nicht all unsere Panzer zu Pflugscharen umschmelzen, die behalten wir lieber, falls jemand uns verjagen will – aber wir werden keine

Panzer mehr exportieren und auch nicht mehr den Verkauf von Landminen unter »Exportweltmeisterschaft« verstecken.

Wir werden weiter gut leben. Besser als die meisten auf der Welt.

Wir sind als Schurken geboren und bleiben Schurken.

Aber wir bemühen uns nach Kräften, ein sehr viel kleineres Übel zu werden. Unsere Vorgänger machen es uns leicht.

#7: Wir leben Aufklärung. Und zwar unter dem Kant'schen Wahlspruch: »Aufklärung ist der Ausgang des Menschen aus seiner selbst verschuldeten Unmündigkeit. [...] Sapere aude! Habe Muth, dich deines eigenen Verstandes zu bedienen!«[113]

Unsere Kinder befinden sich von der Geburt an im Aufklärungsunterricht. Unsere Kinder sollen uns, sobald sie können, unbequeme Fragen stellen. Unsere Kinder sollen uns früh entlarven als Obrigkeit, als (anfangs) gottgleiche Elternschaft, die den Weihnachtsmann erfindet. Und unsere Kinder sollen dadurch gewarnt sein. Skeptisch bleiben gegenüber *jeder* Form von Obrigkeit, lebenslang. Nicht sich abfinden mit allem, was man ihnen serviert als »so isses«. Unsere Kinder sollen fragen: Gibt es den Weihnachtsmann? Gibt es Gott? Einen oder mehrere? Wieso sind das alles Männer? Schreiben die Bücher, diese Götter? Und wieso (nicht)? Warum ist die Welt, wie sie ist? Wie kommt es, dass einer 150 Milliarden hat und der andere nichts? Warum muss alle 5 Sekunden ein Kind verhungern? Wieso verhindert Bill das nicht, wenn diese Rettung aller nur 20 Milliarden Dollar pro Jahr kostet und er 150 Milliarden besitzt? Und kreist die Sonne um die Erde oder sieht das nur so aus?

Unsere Kinder schützen wir vor den tumben Trampeln und leiten sie an zur Skepsis, zum Hinterfragen. Zu logischem Denken. Zum Argumentieren. Zur Wissenschaft. Zur Evidenz. Sogar zum Verständnis von Statistik, Korrelation, Kausalität und Koinzidenz, damit sie sich nicht jede Impfung andrehen lassen. Zur Skepsis der eigenen Skepsis gegenüber. Dazu, Theorien aufzustellen und diese eigenen Theorien zu *widerlegen*. Denn das ist Wissenschaft. Das ist aufgeklärt. Das ist auch anstrengend. Und deshalb besitzen Menschen ihren Verstand. Um ihn zu benutzen. Als kritische, selbstkritische Masse.

Die jüngste Verdrehung aller Köpfe und Tatsachen sei uns hierbei Mahnung für immer. Der nicht gegen »Verschwörungstheoretiker«, sondern von Glaubensfundamentalisten gegen »Ketzer« geführte Kampf von Medien und Obrigkeit, pauschal, einseitig geführt mit schwerem Geschütz und Verklammerung, als gehörte der eidechsengläubige Bombenbastler in die gleiche Schublade wie jener, der nur respektvoll fragt: »Machen wir das gerade richtig?« Ein solcher Rückfall ins Vormittelalter findet nie wieder statt, die Vertreter dieser Weltsicht dürfen allesamt zu Hause auf dem Sofa bleiben, aber sicher nie wieder auf´s Sofa im Schloss Bellevue.

#8: Wir leben Güte. Unsere Frage laute alltäglich: Wozu ist es gut? Unser Leben und Handeln sei daher geleitet nicht von unserer Sympathie, Zuneigung oder unserer Liebe, sondern von Güte. Denn Güte ist größer sogar als die »Liebe«, die die Menschen so unterschiedlich definieren. Güte weist über alles Bekannte hinaus, frei von jedem Wunsch nach Gegenleistung, gleich welcher Form, denn Güte belohnt sich selbst im Menschen, der sie praktiziert. Güte ist gelebte Mitmenschlichkeit, gelebtes Vertrauen, gelebte Nachsicht, der gelebte Wunsch, es möge dem Nächsten wie dem fernsten Nächsten gut gehen. Daher sei die Güte unser Leitstern.

#9: Wir leben Freiheit. Indem wir #1 bis #8 unterschrieben haben, ist ohnehin niemand mehr »frei«, anderen zu schaden, und hat daran auch keinerlei Interesse mehr. Freiheit bedeutet die Möglichkeit, ohne Zwang zwischen verschiedenen Möglichkeiten wählen zu können. Auch zukünftig findet die persönliche Freiheit weiter kategorisch ihre Grenze dort, wo die Freiheit des anderen beginnt, aber unzulässig ist es, diese Grenze dahingehend zu verschieben, dass der sich durch freies Autofahren, Lachen oder Husten beeinträchtigt Fühlende den Freien zwingt, nur noch Rad zu fahren, zum Lachen in den Keller zu gehen oder sich impfen zu lassen.[114] Es steht jedem sich bedroht Fühlenden in unserer Gesellschaft aber zukünftig frei, sich lebenslang einzusperren, denn es ist ja niemand mehr gezwungen, sich unter andere Menschen zu begeben.

Das sind die Grundlagen. Güte. Vertrauen. Wissen um die eigene Sterblichkeit. Skepsis, auch den eigenen Ansichten gegenüber. Freiheit. Menschlichkeit im Wissen: Wir sind alle Menschen, wir alle sind Menschen. Unser zukünftiges Verhalten ergibt sich aus den oben genannten Prämissen fast vollständig von selbst, denn eine Gesellschaft, die diese Prinzipien verinnerlicht und lebt, im Gefühl wie im Verstand, kommt ohne Zwang aus, mit nur wenig Kontrolle und fast ohne Beamte.

Es kann indes hier nicht darum gehen, bereits alle Details dieser Zukunft haarklein auszuarbeiten – zumal die ja niemand kennen kann, in bewegter, schnelllebiger Endspielzeit. Die Strategie von Team Mensch muss und wird angepasst werden, während Team Bill die kreative Zerstörung weiter befördert, alle erfassen und impfen lässt, alles nicht Erfasste, Ungeimpfte, Unberechenbare einschränkt, ausschließt, löscht oder wegsperrt und die allein selig machende Digitalisierung des schmutzigen, lebensgefährlich virenverseuchten Bargeldes vorantreibt (siehe PAROLE #6, S. 125). Dieses Treiben des Team Bill wird Team Mensch nicht zeitnah unterbinden können, schon gar nicht mittels organisierter

Protestkundgebungen, daher wird Team Mensch sich bewusst beherrscht und bedeckt halten, im Wissen um die immense Schlagkraft des Gegners. Offene Angriffe wären kontraproduktiv. Team Mensch hat die Grundsätze des Tai-Chi verinnerlicht und wird im geeigneten Moment die vom Gegner aufgewandte Energie gegen diesen selbst wenden. Alles andere wäre ja blöd, und was das betrifft, hält Team Mensch sich strikt an die kategorische Ansage des Philosophen MediaMarkt. In Sachen Widerstand sind jederzeit auch sinnvoll wirkende, nahe liegende Optionen zu prüfen, unter Berücksichtigung der eigenen Neigung zur Selbstüberschätzung.

Demonstrationen: Es sind fraglos Versammlungs- und Demonstrationsrecht hohe Errungenschaften freier Gesellschaften. Die Einschränkung ausgerechnet dieser Rechte empört den in Freiheit geborenen Menschen und löst den spontanen Wunsch in ihm aus, nun erst recht zu demonstrieren, und zwar für das Demonstrationsrecht, selbst wenn er als Deutscher, hässlichen historischen Zungen zufolge, Revolutionen gegen die bestehende Ordnung nur dann beginnt, wenn ihm eine behördliche Genehmigung hierfür vorliegt. Es sind nun aber Demonstrationen, ob gegen Demonstrationsverbote oder Zwangsmaßnahmen, in der herbeigeredeten Pandemielage mit äußerster Vorsicht und größtem Bedacht zu organisieren. Die pandemische Legende, als Wahrheit akzeptiert von den meisten, besagt, dass jeder, der ungeschützt den Mindestabstand von anderthalb bis zwei Metern zu anderen Menschen unterschreitet, ein potenzieller Mörder ist. Versammlungen potenzieller Mörder aber erscheinen den meisten instinktiv nicht schützbar durch irgendwelche Grundrechte, daher provoziert derzeit und erst recht in näherer Zukunft jede Versammlung Andersdenkender im öffentlichen Raum einen Ausbruch von Gewalt seitens der sich lebensbedroht fühlenden Masse. Je klarer nun in den kommenden Monaten dieser Masse wird, welche Folgen unsere kollektive Antwort auf die »Pandemie« hat, auch und gerade für den Einzelnen, desto mehr wird die Gewaltbereitschaft zunehmen – gegen die Abweichler. Denn nur »weil die nicht mitmachen, sind die ja schuld daran, dass die Pandemie nicht endet!« Achtloses Demonstrieren, aber auch Widerstand (wie das Öffnen von Einzelhandelsgeschäften, also der Verstoß gegen das bestehende Infektionsschutzgesetz)[115] drohten daher Verzweiflung und Wut in Form von Hass zu verlagern auf ausgerechnet jene Gruppe, die diesen Hass am allerwenigsten verdient, während die tatsächlichen Verursacher der Katastrophe aus dem Blickfeld verschwänden und sich gar als Hüter von Recht und Ordnung gerieren könnten, was der Sache umso abträglicher wäre. Man wäge daher gründlich ab, wann und unter welchen Bedingungen friedliche Demonstrationen, selbst solche, die als Spaziergänge deklariert werden, zielführend sind. So, wie die

Dinge derzeit liegen, erscheinen selbst Demonstrationen, deren Organisatoren schikanöse Hygienekonzepte bis ins Detail umsetzen, als wenig geeignetes Mittel zur Erreichung der Ziele des Team Mensch. Höflich formuliert, und umso höflicher zu Ende: Wir können die Herde nicht aufhalten. Die Herde wird alles kaputt machen. Lasst sie machen. Und wartet auf den Zusammenbruch (siehe unten – der Worst Case ist kein schlimmer Fall).

Erst recht kontraproduktiv wäre die von manchem Verzweifelten erwogene Zerstörung von Infrastrukturen sowie jede Form von Gewalt gegen Sachen (den »Maschinenstürmern« nacheifernd). Nicht nur, weil Zerstörung und Gewalt generell als »Terrorismus« wahrgenommen werden. Jede Form von Gewalt verlängerte und verschärfte nur den derzeitigen, im Kern strikt repressiven Ausnahmezustand und öffnete Bundes- wie Landesregierungen Tür und Tor für einen noch weiter reichenden Ausbau von Überwachung und Kontrolle, die endgültige gesetzliche Aufhebung der Privatsphäre, den Einsatz von mehr uniformierten Schlägertrupps, anlasslose Durchsuchungen von Wohnungen wie Festplatten, Festnahmen sowie die Errichtung von ganz anderen Zentren als solchen nur zum Massenimpfen. Die Errichtung eines faktischen Polizeistaates ist daher nur mittels Gewaltverzichtes zu verhindern.

Ebenso fruchtlos dürfte jeder Versuch bleiben, mit Hinweis auf ein paar essenzielle Kleinigkeiten in wichtigen Schriften Kirchenvertreter für das Team Mensch gewinnen zu wollen. In unseren Kirchen wird, fest im Glauben an die Lehre von der Pandemie, nicht mehr gesungen, sondern allenfalls noch leise unter Masken gemurmelt. Unsere Kirchen beugen sich der Anordnung des Staates, Versammlungen zu unterlassen. Es erübrigen sich Debatten mit Kirchenvertretern, inwiefern das, was gerade geschieht, vereinbar ist mit der Würde des Menschen, insbesondere der Würde des betagten Menschen, und inwiefern das alles vereinbar ist mit der Lehre Jesu. Wir nehmen hier demütig zur Kenntnis, dass die Kirche nicht weltfremd ist, sondern pragmatisch weltnah, genauer: staatsnah. So mag in ihr vornehmes Schweigen vielleicht auch der Umstand hineinspielen, dass der Staat der Kirche beim Eintreiben ihrer Mitgliedsbeiträge entscheidend behilflich ist und diese Eintreiberei fast ausschließlich mit Programmen der Firma Microsoft zu bewerkstelligen vermag[116]. Möglicherweise aber ist die Kirche auch nur wie Klaus, Bill, Greta und wir zu der festen Überzeugung gelangt, dass ein Neustart unvermeidlich ist, und verhält sich deshalb so ohrenbetäubend still. Aufmerksames Abwarten erscheint uns diesbezüglich geraten, vielleicht helfen ja auch Gebete.

Die versuchte Gründung von Kleinparteien zwecks Versammlung zum Kaffeetrinken (bei Einhaltung der Abstands- und Maskenregeln) mag ihren demonstrativen Unterhaltungswert haben (sofern man sich als Freundin des Grundgesetzes von den Mainstreammedien öffentlich verhauen lassen möchte[117]). Die Gründung einer Team-Mensch-Partei zwecks Antreten bei der nächsten Bundestagswahl wäre indes komplette Zeit- und Energieverschwendung. Die Wahrscheinlichkeit ist gering, dass die Wahl überhaupt wie geplant stattfinden wird, schließlich ist abzusehen, dass die »epidemische Lage von nationaler Tragweite« bis weit ins Jahr 2022 hinein fortbesteht und spätestens im Herbst 2021 in Form einer dritten oder vierten oder Covid-20-Mutationswelle weiter eskaliert. Wählen zu gehen gefährdete in diesem Fall sicher die Volksgesundheit. Aber selbst wenn wider Erwarten die Wahl nicht verschoben wird und eine wie auch immer aufgestellte Wir-zusammen-Basis-Andersdenk-Menschenpartei die aufwendig errichteten bürokratischen Hürden nähme, die einer Teilnahme generell im Wege stehen, wäre die Teilnahme sinnlos. Denn solange das System besteht, das es unseren gewählten Volksvertretern erlaubt, ohne Rücksicht auf die Realität oder alle Verluste »mit Wumms« Geld aus dem Nichts zu erzeugen und auszugeben, als gehöre es ihnen, besteht für eine neu gegründete Partei nicht die geringste Chance auf Mitsprache auf politischer Ebene. Man vergegenwärtige sich hierbei, dass die Zustimmung von nur 25 Prozent der Bürger, also 20 Millionen Wählerstimmen, in Deutschland ausreichen, um das Land mit absoluter Mehrheit zu regieren – auch gegen den

erklärten oder nicht erklärten Willen der Mehrheit, also der anderen 75 Prozent. Unter diesen
75 Prozent befindet sich nicht nur unsere gesamte
Zukunft (Kinder und Jugendliche bis 18 sind
nicht wahlberechtigt, auch deren gesetzliche
Vertreter dürfen nicht für sie abstimmen. Team
Mensch wird das natürlich ändern, siehe unten),
unter den 75 Prozent befinden sich auch alle,
deren Parteien den Sprung über die 5-Prozent-
Hürde nicht schaffen, sowie jene 30–35 Prozent
der Wahlberechtigten, die gar nicht erst wählen
gehen, weil sie verständlicherweise keinen Unterschied erkennen können zwischen den antreten-
den sieben bunten Flügeln unserer neoliberalen
Einheitspartei von links bis AFD und ohnehin die
Hoffnung aufgegeben haben, dass Berufspolitiker
je etwas der Verbesserung ihrer Lebensumstände
Dienendes verabschieden werden. So ist zum Erreichen einer 51-prozentigen Mehrheit im Bundestag lediglich das Einsammeln von 20 Millionen Wählerstimmen erforderlich. Bedenkt man
nun, ohne auf die Stellen hinter dem Komma zu
schauen, dass etwa 5 Millionen Beamte nebst Ehe-
partnern sowie weitere 2 Millionen pensionierte
Beamte am Fortbestand des Systems lebenswich-
tig interessiert sind, zählt hinzu größere Teile der
allein vom Staatskonsum und/oder Staatssubven-
tionen abhängigen, in der »freien« Wirtschaft Be-
schäftigten (allen voran im Bau- und Gesundheits-
wesen) und zuletzt die Abermillionen direkt von
Transferleistungen eben jenes Staates abhängigen

Rentner (25 Millionen) sowie Bezieher von unverzichtbaren Almosen (1-Euro-Jobber, Hartz-IV-Bezieher), ist offensichtlich, weshalb die 20-Millionen-Stimmen-Grenze für beliebige bunte Koalitionen aus dem Siebenerfundus der Einheitspartei problemlos zu überwinden ist. Mag die Produktivität dieser Wählergruppe auch nahe null liegen – sie entscheidet allein. Alles.

Wir kommen etwas weiter unten (S. 143) zur von Team Mensch vorgesehenen Abschaffung aller Parteien bei gleichzeitiger Beibehaltung der parlamentarischen Demokratie, basierend allerdings auf einer tatsächlich repräsentativen Auswahl der Parlamentarier mittels algorithmisch repräsentativer Kandidatenauswahl (im Volksmund: Würfeln). Hier sei lediglich konstatiert, dass Parteigründungen völlig sinnlos sind, also Zeit- und Energieverschwendung. Und wir haben weder Zeit noch Energie zu verschwenden. Wir brauchen beides dringend, wir haben viel zu tun.

ZERSTÖRUNG, CHAOS, KOLLAPS UND CHANCE

Der Zerstörungswunsch ist nicht auf dem Mist von Team Mensch gewachsen. Sondern auf dem von Klaus und Bill. Deren »schöpferische Zerstörung«, die der »neuen Normalität« vorausgeht, produziert das Trümmerfeld, über das der Weg führen soll in eine schöne, nachhaltige, gerechte Welt. Aber auch die kreativste Zerstörung ist eben eine Zerstörung, und Zerstörung geht einher mit Verwirrung, mit Chaos in Herz und Kopf. Den Kollaps, nach Orlovs Lehre[118] ablaufend in 5 Phasen, sehen Team Bill wie Team Mensch durchaus kommen, beide sind aber der Ansicht, dass es gelingen kann, nach dem Zusammenbruch wirtschaftlicher und staatlicher Strukturen den Kollaps förmlich aufzuhalten und aus dieser Phase 3 heraus zurückzufinden zu einer neuen Ordnung. Wer diese neue Ordnung mitgestalten will, muss allerdings, so selbstverständlich es auch klingen mag, vor allem eines bewerkstelligen, nämlich das Chaos überleben. Denn wer nicht mehr lebt, kann bei der Neugestaltung der Welt nicht mehr so gut mitwirken. Ausnahmen bestätigen die Regel, denn natürlich helfen dabei auch ein paar Verstorbene von Kant bis Fuller, aber grundsätzlich soll doch gelten: Lebendig gestaltet es sich einfach besser. Für das Team Mensch bedeutet das, vor allem, beginnend heute: Zieht euch warm an. Bereitet euch vor. Werdet resilient. Lernt überleben. Wartet auf den Kollaps. Helft nach, wenn er sich abzeichnet. Und übernehmt im richtigen Moment freundlich das Ruder.

Die dazugehörigen Parolen für die Vorbereitungs-, Übergangs- und Zwischenzeit lauten:

PAROLE #1: VERSCHWÖRT EUCH! »Find the Others« (Douglas Rushkoff) – sucht und findet einander, im Leben wie im Netz. Sprecht miteinander, tauscht euch aus, debattiert, diskutiert. Ansätze, Lösungen, Prinzipien. Orlov und das Danach. Entwickelt und besprecht Optionen. Die Zukunft beginnt mit Vorstellungen von der Zukunft. Ihr müsst euch nicht alle lieben, das wäre zu viel verlangt, zumal wir ja alle »Liebe« so schön unterschiedlich definieren. Deshalb begegnen wir uns in Güte und lassen einander gelten, wir kanzeln keinen ab und canceln keine weg, verbunden in der gemeinsamen Vorstellung von einer besseren Welt. Gewinnt Herzen und Köpfe derer, die noch zweifeln oder sich fürchten. (Aber lasst euch nicht erwischen.)

Findet und nutzt Nebenstrecken, parallel zu euren weiter bestehenden Kommunikationskanälen, denen der Datenkraken. Kommuniziert, wo es um eure Verschwörung geht, via Signal, Telegram, Protonmail, Onion Browser, Darknet. Alles andere kommuniziert weiter über eure abhörbaren Kanäle, macht euch nicht verdächtig durch komplettes Verschwinden vom Radar der GAFAschisten[119], und fangt bloß nicht an, schon jetzt alles bockig mit Bargeld zu bezahlen.

Setzt ein Schattenkabinett ein, auf euren Websites. Loggt euch ein im virtuellen Land über eurem Land, in dem ihr einander orten könnt. (Details folgen, siehe ganz unten).

Lernt einander erkennen, unerkannt von allen anderen. Unsere Fahne ziere die Himbeere, der Himbeeranstecker diene auf dem

Weg als Erkennungszeichen (Produktion läuft an, wir müssen noch mit den Chinesen verhandeln. Es gelten aber auch Buttons mit der Aufschrift »Raspberry« und alle Formen von Selbstgebasteltem[120]).

PAROLE #2: ZAHLEN, BITTE! Es wäre eine Illusion zu glauben, industriesubventionierte Magazine oder öffentlich-rechtliche Medien bildeten die Wirklichkeit auch nur annähernd angemessen ab. Die tatsächlich werbe- und/oder steuergeldunabhängige Berichterstattung ist aufwendig und kostspielig, ohne Anzeigeneinnahmen kostete der *Spiegel* sicher 30 Euro pro Ausgabe, und für das üppige Angebot des öffentlich-rechtlichen Apparates käme der Nutzer selbst mit dem Zehnfachen seines Netflix-Monatsbeitrages nicht aus. Unseren Blicken verborgen ist hinter einer unsichtbaren Subventionsfassade, dass sämtliche Mainstreammedien, also die gesamte flächendeckend veröffentlichte Meinung, Staat und Industrie gehören, wobei der Staat inzwischen selbst nur noch der Industrie dient (weil er sich längst ruiniert hat). Zeitungen, Zeitschriften und Privatfernsehen sind zu 100 Prozent industrieabhängig, ohne Werbeeinnahmen (= Zahlungen der Industrie) könnten sie nicht überleben, die reichweitenstarken Internetangebote (Youtube, Facebook et cetera pp.) gehören ohnehin vollständig der Industrie, unerwünschte Kritik kann hier wie dort nicht stattfinden,[121] und selbst Debatten

mit Kritikern, gleich wo, bleiben im festgelegten Konsensrahmen, verschaffen aber dem Unbedarften wirksam die Illusion, er befinde sich
in einer Demokratie, in der die freie Meinungsäußerung jedem öffentlich erlaubt sei. (Erlaubt:
durchaus, zu Hause, aber eben nicht bei Anne
Will). Das deutsche öffentlich-rechtliche Rundfunk- und Fernsehsystem, obwohl mit 9 Milliarden Euro per anno aus Bürgerhand finanziert und
eigentlich per Rundfunkstaatsvertrag verpflichtet,
der Demokratie zu dienen (indem es unabhängig
und ausgewogen informiert), ist längst bis in die
letzte Hinterbank durchsetzt von Knallchargen
mit Parteibuch, selbst das Bundesverfassungsgericht verordnet hier gesetzlich gebotene Veränderungen komplett ins Leere, und 75 Prozent
unserer ohnehin durchgehend systemabhängigen
»Journalisten« stammen aus der Mittelschicht,
aus Familien, die ihren Aufstieg dem bestehenden
Staats- und Beamtenwesen verdanken.[122] Zensur
ist bei alldem nicht erforderlich, der Mainstream
zensiert sich selbst. Investigation findet nicht
statt, wohingegen das Unterhaltungsprogramm
immer mehr Sendezeit einnimmt, wenn es sich
auch weitgehend auf Rateshows, Talkshow-Feigenblättchen, Beziehungs- und Beamtenverherrlichung in Form von Kitsch- und Krimiserien beschränkt. Und einmal im Jahr ehren dann Beamte
Künstler für die gelungenste Beamtenverherrlichung und nennen das »Fernsehpreis«. Relevant
ist hier nichts.

Alles Relevante müssen wir (uns) selbst leisten.

Ein Website-Abo für 10 Euro/Monat, ist nicht teuer, sondern günstig. Ein *nicht* vom Bertelsmann-Konzern und Konsorten, sondern unabhängig produziertes und im Handel für 20 oder 25 Euro erhältliches Buch ist nicht teuer, sondern extrem günstig.[123] Eine werbefreie Zeitschrift für 20 Euro pro Ausgabe ebenfalls. Eine unabhängig hochprofessionell produzierte Talkshow wie »Positionen«[124] oder »Auf Augenhöhe«[125] kann nur bestehen, wenn sie nicht nur von vielen gesehen und gelikt, sondern auch von allen Zusehern bezahlt wird. Kein Bäcker akzeptiert das Zahlungsmittel »Daumen hoch«, und den meisten Vermietern genügt Applaus vom Balkon allenfalls als Kündigungsgrund.

Also: Richtet Daueraufträge ein für alles, was euch erhaltenswert erscheint, selbst wenn ihr nur wenige Euro pro Monat entbehren könnt. Nur verlässlich jeden Monat eintreffende Zahlungen sorgen für Planungssicherheit bei denen, die für euch arbeiten. Spenden könnt ihr zusätzlich, sofern ihr im Lotto gewinnt oder aus anderen Gründen plötzlich mehr zu verteilen oder zu verschenken habt als sonst. Aber es gilt, immer: Zahlen, bitte! Die Gratiskultur ist unser Ziel, und das erreichen wir auch, aber noch sind wir nicht da.

PAROLE #3: SCHENKT EUCH DAS! Unsere Zukunft wird gratis. Es wird kein Bedingungsloses Grundeinkommen in Form von Giralgeld geben. Das BGE ist eine Honigfalle, denn es wäre steuerbar von jenen, die die Ausgabewährungen kontrollieren, und das werden nach Lage der Dinge nicht souveräne Staaten sein, sondern Privatleute – die US-Notenbank (FED), die nicht dem Staat USA »gehört«, sondern privaten Banken,[126] die EZB und Digitalunternehmer. Höhe wie Wert des BGE wären von diesen Unternehmern und (unsichtbaren) Anteilseignern skalierbar, anpassbar auch auf bewusst ungenügende Höhe, um mehr Kreditaufnahmen jedes Einzelnen zu erzwingen – sowie individuell jederzeit abschaltbar bei Zuwiderhandlung und Verstößen gegen willkürliche Auflagen oder Regeln. Nach dem Ende des Bargeldes bedeutete aber die Abschaltung des (nur giralen) BGE-Flusses für den Einzelnen schlicht dessen Vernichtung, schlimmstenfalls ein Todesurteil, denn der oder die in Ungnade gefallene könnte ja hernach allenfalls noch auf der Straße um Naturalien betteln.

Wir machen das anders. Wir machen alles Lebensnotwendige gratis. Und damit fangen wir direkt an. Wir arbeiten ohne Bezahlung, wir tauschen Leistung (Rasenmähen) gegen Kost (Apfelkuchen, lecker) ... aber Vorsicht! Das ist (noch) nicht erlaubt. Wir befinden uns nicht in irgendeiner normal gestrickten Normalität, sondern in der Endphase eines komplett durchgeknallten

Systems, das zu seinem Erhalt dringend alles unterbinden muss, was natürlich ist – und obendrein jeden Cent benötigt, den es irgendwie aus dem Tun und Treiben von Menschen heraussteuern kann. Hier werden nicht einfach Kinder über den Gartenzaun getauscht und von Nachbarinnen betreut, denn selbst wenn beide Seiten auf jegliche Zahlung verzichten, handelt es sich um »geldwerte Leistungen«, auf die Steuern zu entrichten sind. Ebenso auf die geleistete Arbeitsstunde Rasenmähen und den im Gegenzug erhaltenen Kuchen.

Unterlaufen lässt sich die Strafbewehrung von Freundlichkeiten nur noch mittels Besetzung der letzten Bastion, die der Staat noch nicht geknackt hat: dem Geschenk. Schenken dürfen wir nämlich. Noch. Ein bisschen. Solange es nicht zu viel wird. Nicht dass ihr jetzt plötzlich alle anfangt, euch gegenseitig Fünfzigtausend-Euro-Scheine zuzustecken, das gäbe gehörigen Ärger.

Die Regeln für Geschenke sind streng. Die wichtigste Regel lautet, dass keinerlei Bedingung an das Geschenk geknüpft ist Nicht einmal die Erwartung oder irgendwie begründbare Hoffnung, dass der Beschenkte sich aus Dankbarkeit so verhält, wie ihr es euch wünscht. Solche Geschenke befänden sich inhaltlich in der Nähe von Gehaltszahlungen oder Schmiergeld. Also halten wir uns doch strikt an die Bedingungslosigkeit, denn die ist tatsächlich das Einzige, was uns noch retten kann. Also üben wir, beginnend jetzt, weil nichts über Erfahrungswerte geht. Und wer mit Schenken keine Erfahrung hat, weiß gar nicht, was ihm bis heute entgangen ist.

Das Beschenken von Freunden, Nachbarn, Bekannten sollte uns nicht schwerfallen, bei Bedarf hilft die Frage: »Braucht ihr was?« Aber wichtiger ist als tägliche Übung: das bedingungslose Beschenken des unbekannten Dritten. Das beginnt beim Allerkleinsten, dem halb abgelaufenen Parkschein für den, der euren Parkplatz übernimmt. Schenkt Kleingeld dem, der vor dem Parkscheinautomaten knapp ist. Jenem, dem beim Bäcker welches fehlt. Im nächsten Schritt traut euch und schenkt dem Nächsten hinter euch in der Schlange im Coffeeshop einen Kaffee. Einfach so. (Nein, eben nicht nur zufällig dann, wenn der Nächste eine die ist, zufällig bildschön, und, nein, nicht mit dem Zusatz »Gibst du mir deine Nummer?«). Verschenkt Geld. Verschenkt Zeit, wenn ihr seht, dass andere sie brauchen können. Verschenkt Blumen. Und bloß keine Vorsicht: Altruismus ist ansteckend.

Natürlich wird man euch gelegentlich ansehen, als hättet ihr nur gerade eure Jacke mit den langen Rückenärmeln an die Garderobe gehängt. Natürlich wird man euch mit Misstrauen begegnen. Wir sind ja schon so weit vorangekommen in unserer Homo-oeconomicus-Überzeugung, dass wir denken: Nie, nirgendwo handeln Menschen ohne Gewinnerzielungsabsicht, jede Handlung zielt – offen oder verdeckt – darauf, einen

Vorteil für sich selbst herauszuholen, und wenn ein Fremder (!) mir bedingungslos (!) einen Kaffee spendiert (der ihn ja was kostet!), dann will der dafür gleich was von mir haben, vermutlich meine Unterschrift unter irgendeinen Kreditkartenvertrag. Gegen diesen fest verdrahteten Irrglauben hilft nur: Schenken. Ohne Bedingung. Ohne Erklärung.

Es wird sich manche/r wundern. Es wird euch manche/r ansehen, als wärt ihr gaga oder gefährlich. Aber es wird auch mancher sich allein weiterwundern, wenn ihr schon wieder gegangen seid, und er mit seinem Parkschein oder frischen Kaffee dasteht, beschenkt (ihr habt ihm was erspart), und verdattert merkt, dass sich das merkwürdig anfühlt – und eindeutig gut, und ganz unwillkürlich die Frage aufwirft, mitten im Wesen: *Was, wenn das alle machen würden? Wo kämen wir denn da hin?!*

Also: Beginnen wir unsere Übung. Gehen wir mit offenen Augen durch die Welt, durch die Dörfer, Gemeinden und Fußgängerzonen, und finden wir jede sich bietende Gelegenheit, Unbekannten etwas zu schenken. Und seien es sechzig Sekunden, um mitzuhelfen beim Verladen des Kinderwagens. Und sei es ein Lächeln.

PAROLE #4: VERSORGT EUCH! Werdet im Wesentlichen autark(er). Beim Anlegen eines Salatbeetes auf dem Balkon geht es nicht ums große Ganze, sondern um die grundsätzliche Erfahrung, dass wir uns selbst helfen können, falls Rewe explodiert. Überdies fördert das selbst angebaute Biogemüse nicht nur die Gesundheit, sondern auch unser Grundverständnis für Leben und Tod: Alles wächst. Alles vergeht.

Etwas Platz für Kräuter, Gemüse und Obst ist wohl in den meisten Hütten und Vorgärten, dieser Platz ist zu nutzen (und das Anlegen von Hochbeeten lässt sich tatsächlich ohne vorherigen Besuch einer Hochbeetschule bewerkstelligen). Bei der Einrichtung privater Eier- und Milchfabriken (verniedlichend: Hühnern und Ziegen) wird's natürlich schwieriger, denn Tiere wie diese fühlen sich auf Balkonen nicht halb so wohl wie Pflanzen. Wer mit, erst recht ohne Balkon wohnt, tut sich deshalb zur Nutzviehhaltung doch besser mit netten Leuten zusammen, die einen Garten haben, und bringt die Tiere dort unter.

Was die größeren Gärten betrifft, die ihr benötigt, um im Fall der Rewe-Explosion zumindest gelegentlich frische Karotten auf eure Teller legen zu können, führt an der Kooperation mit echten Menschen kein Weg vorbei, denn echtes Wachstum braucht Fläche, und die meisten Flächen gehören irgendwem – in Deutschland zum Glück nicht Bill, der ist nur der größte Landwirt der USA[127]. Also sucht und findet Flächen (auf dem Land ist das leicht, in der Stadt tricky, zugegeben), sucht die Besitzer und fragt die, was ihr auf ihren Flächen wachsen lassen dürft. Als Städter geht auf die Märkte und fragt die früh aufgestandenen Bauern, woher sie und ihre Ernten kommen und ob ihr euch beteiligen könnt. Beteiligung bedeutet dabei nicht immer »Arbeitskraft«, die Ausrede »Ich hab Rücken« gilt generell weiter überall, ihr könnt auch euer Kurzarbeitergeld verwenden, um euch finanziell zu beteiligen. Fahrt durch die Dörfer und fragt die Ansässigen, wo sich das nächste Permakulturfeld befindet. Man wird euch doof angucken. Fragt weiter. Gibt's partout kein Permakulturfeld, kein Gemeinschaftsprojekt (sehr wahrscheinlich) – fragt weiter: Wollen wir eins zusammen gründen? Wer macht mit? Wer macht dann was? Soll ich einen Spaten mitbringen? Und Zeit? Oder nur Geld? Ihr habt Mailadressen. Und Telefonnummern. Tauscht die aus.

Versorgungssicherheit beginnt beim Menschen. Im Gespräch. Mit freundlichen Fragen.

PAROLE #5: BEVORRATET EUCH! *Keine* Vorräte anzulegen ist eine merkwürdige, gewachsene Effizienzverirrung, allerdings sehr verbreitet unter den im Sternzeichen Zentralheizung Geborenen. Das Verschwenden von Platz mit Vorräten gilt schlicht als doof, denn Vorräte gibt's ja bei Rewe, allmorgendlich aufgestockt bis unter die Decke. Das hinter dieser täglichen wundersamen Vermehrung steckende Logistiksystem ist ein wahres, von globaler Menschenhand erschaffenes Wunderwerk, das vermutlich selbst den Göttern bei ihrem Blick aus kosmischer Höhe Bewunderung abverlangt. Aber wie alle perfekt effizienzoptimierten Prozesse ist auch der Versorgungsprozess im Ernstfall (zum Beispiel dem einer echten Pandemie) extrem störanfällig. Der Vergleich mit einem perfekten Automobil, Ernte 2020, ist erlaubt: Ein Tütchen Sand an der richtigen Stelle schaltet nicht nur die Bluetooth-Verbindung zum Smartphone aus, sondern auch den Motor.

Es hat nichts mit *Prepping* oder dem heimlichen Tragen von Aluhüten zu tun, temporäre Knappheiten oder Versorgungsengpässe grundsätzlich einzukalkulieren und jederzeit vorbereitet zu sein auf acht Wochen ohne reibungslos funktionierende Versorgung. Ein paar Kisten Wasser sollten immer neben oder unter die Klopapiervorräte passen (selbst das BBK empfiehlt 14 Liter pro Person und Woche[128]), im Wissen, dass fließend Wasser schon dann ersatzlos wegfällt, wenn die komplex zusammengeschalteten europäischen Stromnetze mal für eine Woche ausfallen – in jeder Großstadt stünde danach dem ungepflegten Verdursten nichts im Wege, bei schlechtem Geruch aus dem Bad.[129]

Am Vorabend des potenziellen Kollaps sollte man den gedachten Bevorratungszeitraum sicherheitshalber etwas erweitern. Für ein paar Packungen Nudeln und Konserven sowie 12 Pfund Kaffee ist Platz selbst in der kleinsten Etagenhütte, Wodka, Proteinriegel, Fahrräder, Taschenlampen und Generatoren lassen sich bei persönlichem Platzmangel im Gemeinschaftskeller stapeln, und eine Handbreit Saatgut passt sowieso in jede Nachttischschublade.

Weitere Ideen und Details finden sich im gut sortierten Netz- oder Bücherregal bei den *Preppern*.[130] Deren grundsätzliche Ratschläge sind beileibe nicht entwertet oder schlecht geworden, nur weil einige von ihnen bis heute auf den Ravioli-dosen-Ernten von 1992 sitzen. Dennoch berücksichtige man beim Studium der Prepper-Kataloge die Herkunft der beratenden Experten. So ist beispielsweise das Einhalten der Abstandsregel (100 Kilometer in alle Richtungen) kritisch zu betrachten, da es hierzulande fast unmöglich sein dürfte, Doomsday-Bunker an Orten anzulegen, die 100 Kilometer von jeder Ortschaft entfernt sind. im Übrigen führen unsere Drogerie- und Baumärkte – zum Glück – auch keine en gros erwerbbaren Handgranaten und Schnellfeuergewehre.

Das Anlegen von Bargeld-, Seifen- oder Wodka-vorräten im Wald empfiehlt sich nur für den versierten Geocacher, hier genügt nicht die selbstbewusste Behauptung »Ich hab voll die Ortskenntnis«. Obendrein gilt: Da die Gefahr besteht, dass in naher Zukunft Banden verarmter Investment-broker durchs Land marodieren und Mitglieder des Team Mensch in deren eigenen vier Wänden zu überfallen drohen, nützt einem das koordinatengeheime Wodkaversteck eh nix, weil man ja unter Folter oder Folter der nächsten Angehörigen sowieso sofort auspackt. Also kann man den

Wodka auch gleich zu Hause stehen lassen – und merke sich als missionskritisch: Die Übergangsphase in die Neue Menschennormalität erfordert das Gegenteil von Abstandhalten – nämlich Zusammenhalten, auf Deutsch: Nachbarschaftshilfe.

Allein gehen wir unter. Das war schon immer so, ist nur ein bisschen in Vergessenheit geraten im Selbstoptimierungszeitalter. »Wenn jeder nur an sich selbst denkt, ist an alle gedacht« ist ein guter Witz, aber keine gute Taktik. Es kann sicher nicht schaden, den Nachbarn schon vorher mal Hallo zu sagen. Am besten gleich morgen.

PAROLE #6: SPART EUCH DAS! Dass finstere Mächte oder die Menschenfreunde des Team Bill die weltweite Abschaffung des Bargeldes planen, gilt den meisten natürlich als völlig absurde Verschwörungstheorie. Wir schenken uns alle Diskussionen darüber, ob, wie oder wann diese Verschwörungstheorie schlagartig zur Realität wird und unternehmen sicherheitshalber (und ohne nennenswerten Aufwand) zweierlei: Zum einen behalten wir stets etwas (oder etwas mehr oder möglichst viel) Bargeld in Reichweite, zum anderen versprechen wir uns gegenseitig, dass wir dieses Bargeld im Fall des Falles als Tauschmittel weiter akzeptieren, und setzen den Wert der vorhandenen Scheine und Münzen fest auf jenen Wert, den sie am 31. März des Jahres X hatten, an dem sich – völlig überraschend – Crash, Kollaps und Einführung der einen weltweit geltenden

Zentralwährung ereignen. Es gilt in diesem Fall als Wert der kursierenden Scheine nicht der zuletzt inflationsbedingt geltende (»Zugreifen! Sonderangebot ab 17 Uhr, 5 Brötchen für nur 2 Milliarden Euro!«), sondern der *vor* Inflationsbeginn geltende. Also der vom 31. März. Es gilt das Versprechen: Gedruckte Euros, Dollar und Pfund werden zum Präkollapskurs im Verhältnis 1:1:1 anerkannt von allen Mitgliedern und Sympathisanten des Team Mensch.

Bis zur Einführung der Sterntaler (siehe unten) behelfen wir uns als Übergangslösung mit Scheinen. So müssen wir keine Ersatzwährung drucken. Das wäre zeitraubend und mühsam. Und illegal. Illegal wird auch die Verwendung der Scheine sein, aber damit können und müssen wir leben – es wird ja nicht von Dauer sein.

Dankenswerterweise müssen wir nichts erfinden. Scheine und Münzen sind gedruckter Ausdruck des Vertrauens in den Souverän, und der sind ja wir selbst. Gibt der bis dato existierende Staat, vertreten durch unsere Regierung, sein exklusives Recht ab, Geld zu erschaffen, schafft der Staat vermutlich sich selbst demnächst ab und übergibt die Entscheidungsmacht an eine nicht demokratisch gewählte Instanz (irreführend als »Weltregierung« gehandelt). Daher vertrauen wir ab diesem Moment doch gern uns selbst. Dass der sich selbst zerlegende Staat hernach nicht mehr an unserem Waren- und Dienstleistungstausch partizipiert, nehmen wir wohl zur Kenntnis, als

Ausdruck unseres ganzen Mitgefühls genüge uns aber diesbezüglich ein von Herzen kommendes »Selber schuld«.

(Keine Angst! Wir lassen keinen von euch zurück!)

PAROLE #7: ES SEI MORGEN! Wir beschützen unsere Zukunft. Und wenn es buchstäblich das Letzte ist, was wir tun. Unser Blick geht nach vorn. Wir bedenken die Folgen unseres Tuns. Wir wissen, dass nur das Jetzt wirklich existiert, wir lernen aus dem Gestern, aber wir opfern nicht die Zukunft unserer Vergangenheit. Die Zukunft, das sind unsere Kinder. Unseren Kinder *gehört* die Zukunft, nicht uns. Wir fackeln nicht alles ab und hinterlassen nicht unseren Kindern rauchende Ruinen. Vor die Wahl gestellt, unsere Kinder zu opfern oder unsere eigenen Leben, opfern wir unsere Leben. Wir sperren unsere Kinder nicht ein und wir traumatisieren sie auch nicht mit Masken und Horrorgeschichten. Und wir bleiben wachsam und behalten ein paar geschlossene Abteilungen und Zwangsjacken, falls je wieder Gestalten wie Markus Söder oder Karl Lauterbach auftauchen.

PAROLE #8: BERUHIGT EUCH! Diese letzte Parole ist, Ausgabebeginn sofort, dringend in jedes Haus und jeden Kopf zu tragen – bevor der Kollaps sich ereignet oder auch nur abzuzeichnen beginnt. Mit dem Kollaps zerbricht unser Weltbild, und es besteht die Gefahr, dass wir in Panik geraten und die Übergangsphase in die eine oder eben die andere Normalität für die meisten nicht problemlos zu verkraften sein wird. Der Verlust der Eckpfeiler des eigenen Gedankengebäudes ist keine Kleinigkeit, dabei könnte durchaus aus dem Blick geraten, dass wir jetzt, am Vorabend weltbewegender Veränderungen, allen Anlass zur Hoffnung haben. Sofern wir uns schon vor dem Kollaps über ein paar Dinge klar werden. Wesentliche Dinge. Die Aufgabe des Team Mensch besteht daher auch darin, Herzen und Köpfe zu beruhigen.

Mittels Worst-Case-Szenario. Ausgerechnet. Eines Szenarios, das wir – und, ja, jetzt geht es tatsächlich nur noch als »wir«, weil dies uns *alle* betrifft – uns gemeinsam vorstellen wollen. Zu unserer gemeinsamen Beruhigung. Das klingt widersinnig, sich beruhigen zu wollen mittels Vorstellung des Ärgsten, aber nur so geht's. Furcht will benannt werden, sonst ist sie nur allgegenwärtige Angst, diffuser Horror, vegetative Panik. Also: Wovor fürchten wir uns *wirklich*? Nein, nicht vor »Kiwiknappheit im Supermarkt« oder »Mein WLAN/Tablet/Facebook ist kaputt«. Das fällt allenfalls unter »Unannehmlichkeiten«. Echte Furcht haben wir vor dem Sterben, dem eigenen wie dem Sterben derer, die wir lieben. Echte Furcht haben wir vor Hunger, Durst, Pleite, Angriffen, Bürgerkrieg, davor, mittellos auf der Straße zu sitzen.

Die Vorstellung des Worst Case ist nicht inhaltlich einzugrenzen, wohl aber räumlich. Denn ein 8-Millarden-Szenario überfordert uns in jeder Hinsicht, wir denken und fühlen nicht global, sondern ortsgebunden. Also setzen wir uns eine Grenze. Um das Dorf, die Stadt, das Land, den Kontinent, in/auf dem wir leben. Nehmen wir für den Moment die willkürliche »deutsche« Grenze und schließen so ein ganzes Prozent der Weltbevölkerung in unsere Überlegungen mit ein. Eine kleine Gruppe, aber eine besonders privilegierte. Denn Deutschland (man sehe mir abermals das biografische Bias nach) ist tatsächlich das Land, das sich die Worst-Case-Spekulation am ehesten erlauben kann. Wir sind nämlich nicht nur doof (siehe oben), wir sind auch Demokratiekenner und, weil wir als Nation so jung sind (jünger sogar als die Amerikaner) und ein echter, aus Überzeugung zusammenstehender Bund selbstständiger Republiken mit der gleichen Sprache (okay, für Bayern und Friesen stellen wir Simultanübersetzer), auf den Kollaps am besten vorbereitet. Tatsächlich: Verwaltung und reibungslose Organisation auch über Binnengrenzen hinweg konnten wir schon immer, hässliche Zungen haben sich gar zu der Einschätzung verstiegen, das sei im Grunde das einzige Kontinuum in unserer gemeinsamen Geschichte, aber wir sind nicht nachtragend. Zumal uns dieses Talent ja nach dem Kollaps ganz entschieden zupass kommt.

Es kommt also. Zum Kollaps. Alles bricht zusammen, die Industrie, die ganze Weltwirtschaft. Die Staaten sind pleite. Die Banken sind pleite.

Die Versicherungen sind pleite. Das ganze Geld
ist weg. Unsere Arbeitgeber sind weg. Unsere
Jobs sind weg. Und unsere Beamten gleich auch,
denn die können wir ja nicht mehr bezahlen.
Was bedeutet das?

ES HERRSCHT KEIN MANGEL.
WIR HABEN ALLES.

Das ist es, was uns so fundamental unterscheidet von einem Entwicklungsland (und sogar von
Spanien, Frankreich, England, Italien und den
USA, nichts für ungut) – und was uns fundamental
unterscheidet von unserer eigenen Vergangenheit,
in der wir unser gesamtes Verhalten gelernt haben.

WIR HABEN ALLES.

Unser gesamtes Verhalten ist überholt. Alles, was
geschehen ist und bis heute geschieht, basiert auf
der gründlich forcierten Illusion, wir hätten *nicht*
alles. Nicht genug für alle. Müssten immer schneller werden, immer effizienter, müssten uns immer
weiter optimieren. Müssten konkurrieren, um
Jobs, Geld, Häuser, Zuneigung. Und konkurrieren mit Maschinen. Weil nicht genug für alle da
ist. Das ist falsch. Wettkampf, Konkurrenz, Streit,
Tempo – all dies sind Artefakte oder Illusionen,
Reste aus der Zeit, als es uns noch an etwas fehlte.
    Wir haben alles. Doppelt und dreifach. (Jaja,
über die Verteilung machen wir uns gleich

Gedanken, eins nach dem anderen.) Die entscheidende Erkenntnis, die Basis für alles ist, in Mantraform zum Weitersagen:

**IHR HABT ALLES.
ES WIRD EUCH AN NICHTS MANGELN.
FÜRCHTET EUCH NICHT.**

Betrachten wir das Ganze im Detail. Was brauchen wir wirklich? Das haben wir im April 2020 gelernt, siehe oben. Wir brauchen Wohnraum, gut beheizt, wir brauchen Essen, Getränke, Schokolade, wir brauchen Möglichkeiten, unsere Freunde nicht nur online zu treffen, sondern auch live – also Fahrräder, BusBahnAutoFähre und (selten, wenn überhaupt) Flugzeuge. Wir brauchen Orte, an denen wir uns begegnen können, und Orte, an die wir uns zurückziehen können.

HABEN WIR. ALLES.

Überdies haben 70 Prozent von uns plötzlich den ganzen Tag Zeit.

Also spinnen wir diesen Worst Case mal weiter. Nach der globalen Staats-Banken-Versicherungspleite sind wir alle arbeitslos, all unsere Beamten sind freigestellt und sitzen ohne Geld da, wie wir, aber wir alle sind ja immer noch das Volk, der Staat, der Souverän, das bestreitet ja wohl keiner. Wir haben gewaltige Schulden und werden diese nicht zurückzahlen können, selbst wenn wir uns von nun an, bis zum Ende der Zeit, bescheiden und beschränken und ganz kleine Brötchen backen. Aber unser »Great Reset« sieht gar nicht vor, dass wir auch nur *versuchen*, unsere Schulden zurückzuzahlen. Wir erkennen unsere Schulden einfach nicht mehr an und erklären uns für zahlungsunfähig. Sollte daraufhin einer unserer Bank-Blackrock-Vanguard-Gläubiger versuchen, »seine« Kraftwerke und Krankenhäuser hier abzumontieren, auf unserem Boden, verbitten wir uns das. Den lassen wir einfach nicht rein, fertig. Fliegende Bomber hat der nicht, Armeen um so weniger, und Kräne zum Abbauen all unserer Kraftwerke sowieso nicht. Also: Pech gehabt, Blackrock. Sorry für nix.

132 Im nächsten Schritt machen wir temporär die Grenze um unsere Gemeinde, unsere Stadt, unser Land oder unseren Kontinent zu und gönnen uns eine neue Währung. Nennen wir die für die Dauer unseres Gedankenspiels »Sterntaler«. Von diesen erfinden wir für Vattenfall und Co. girale 3 Fantastillarden, die wir großzügig auf den neu eingerichteten Konten unserer Versorger gutschreiben. Damit sind all unsere Stromherstellungsrechnungen bezahlt, alle Kraftwerke gehören jetzt uns, der Gemeinschaft. Gleichermaßen großzügig überweisen wir (giral, nicht tauschbar gegen gedruckte Taler) an unsere Gas- und Wasserversorger. Über die erforderlichen Rohstoffe verhandeln wir mit den Russen gesondert, klar, aber auch die werden Freude an unseren Sterntalern haben.

Sollten sie daran wider Erwarten keine Freude haben, schauen wir bitte nach oben, nach vorn, Richtung Sonne und Wind, und erinnern uns en passant an den Status quo (2021): Wir haben nicht nur mehr als genug Straßen, Krankenhäuser, Autos und Häuser. Wir haben auch und gerade mehr als genug Energie. Denn tatsächlich gewinnen wir schon seit Längerem die *gesamte* für unsere Bürger und unsere privaten Haushalte erforderliche Energie aus inländisch vorhandenen Rohstoffen sowie aus regenerativen Quellen.[131] Das sind indes nur etwa 30 Prozent unseres bisherigen Gesamtverbrauchs. Den Rest, die anderen 70 Prozent, verbraucht unsere Industrie. Aber die ist ja gerade kollabiert.

Erinnern wir uns, wieder, dass wir vom Worst Case sprechen. In diesem schlimmsten Fall geht es uns allen gut, bei Licht und Wasser, gut beheizt und versorgt. Schlimmstenfalls ist unsere bisherige Industrie kreativ zerstört und weg. Na und? Angst macht uns das nicht. Es ist ja alles da. In keinem Haushalt geht das Licht aus. Nirgendwo die Heizung. Niemand wirft irgendwen aus seiner Wohnung. Alle Mietzahlungen stellen wir ohnehin mit sofortiger Wirkung ein. Vermieter, die dadurch in materielle Not geraten, fangen wir kollektiv auf, Gästezimmer stehen in ausreichender Zahl zur Verfügung.

Da nun auch unsere Banken und Versicherungen im Zuge des Worst-Case-Kollaps über Nacht pleite sind, haben wir hernach beides nicht mehr.

Unser Geld ist weg. Unsere Versicherungen auch. Versicherungen brauchen wir aber nicht mehr. Wir versichern uns gegenseitig, dass wir einander helfen. Wir haben ja jetzt alle Zeit. Für unsere Alten und für unsere Jungen.

Die Renten und Pensionen sind weg. Stimmt. Können wir nicht mehr zahlen. Aber wozu auch? Unsere Alten wohnen doch, mietfrei, unkündbar, gut beheizt, gut versorgt, besucht und gepflegt (dazu kommen wir gleich). Wir brauchen weder Renten- und Pensionszahlungen noch Rentenversicherungen. Es genügt, dass wir einander unserer Solidarität versichern und unserer Güte. Nicht vergessen, die steht ganz oben auf unserer Fahne.

Und Banken? Wozu? Gut, wir brauchen (ab übermorgen) ein Tauschmittel für den Alltag, damit wir nicht dauernd Hühner, Kühe und selbst gebackene Kekse durch die Gegend tragen müssen. Also: immer gern her mit dem Tauschmittel, das ist praktisch, und so war »Geld« ursprünglich gedacht und gemeint,[132] wir werden uns unsere Sterntaler schon drucken. Weil wir die tatsächlich brauchen, siehe gleich. (Unser neues Tauschmittel verhält sich übrigens wie alles, was zu lange herumliegt, es wird nicht besser. Es rostet. Habenzinsen? Gibt es nicht mehr). Im ersten Schritt aber brauchen wir die rostenden Taler gar nicht, denn wir haben ja keine Kosten mehr. Alles Wesentliche ist vorhanden – und gratis. Wohnen, Strom, Gas, Wasser, Mobilität, Krankenhäuser, Ärzte, Schulen, Lebensmittel. Von Letzteren bauen wir schon heute 98 Prozent unseres Bedarfs im Inland an, und die derzeit noch fehlenden 2 Prozent bekommen wir binnen kürzester Zeit ebenfalls problemlos aus den Äckern. Über Kiwis und Bananen denken wir dann ab übermorgen nach, noch befinden wir uns ja an Tag 1 unseres »Reset«.

Aber ... was ist mit diesem ganzen anderen lebenswichtigen Kram? Was ist mit unseren Medikamenten? Die liefert uns doch keiner mehr, wenn wir nur girale Sterntaler drucken!?

Stimmt. Das könnte – vorübergehend – problematisch sein. Wie unsere T-Shirt-Herstellung, denn die haben wir ja mehr oder weniger allein diesem geschmacklosen Affen überlassen.[133] Beim Herstellen von diesem und jenem, auch und gerade aber der Medikamentenherstellung, haben wir einiges versäumt in der Vergangenheit, unsere Fabriken haben wir abgerissen oder ins Ausland verlagert. Die bauen wir aber schnell wieder auf. Und natürlich stellen wir dann her, was wir wollen, ohne Rücksicht auf Patente, denn Medikamente sind für alle da. (Sagten wir schon, dass die Pharmaindustrie tot ist? Und, nein, das bedeutet nicht, dass niemand mehr Medikamente erfindet, siehe unten, wir kommen gleich zur Arbeitsmoral im Paradies.)

Aber ... Hilfe! Was ist mit ... Amazon?! *Prime*! Was ist mit ... Facebook ... Google, Apple?!

Nichts für ungut, noch mitlesende Nichtmitglieder des Team Mensch, aber reden wir noch über Kollaps und Todesangst oder schon über

Feinheiten und Luxus? Eben wollten wir noch Jedes! Leben! Retten!, auch das jedes 105-Jährigen, und waren nur allzu gern bereit, dafür all unsere Grundrechte abzugeben, alle mühsam erkämpften Grundsätze der Aufklärung, all unsere Ersparnisse, und uns selbst jahrelang zu isolieren im Balkonlosen, kontaktlos bei Wasser und Knäcke, und jetzt verweigern wir dieses Worst-Case-Gedankenspiel, weil Amazon darin die Windeln nicht mehr über Nacht liefert? (Also bitte.)

Gut, greifen wir an dieser Stelle einmalig vor: Natürlich behalten wir Amazons exzellente Logistik und Organisation. Was wir nicht behalten, ist lediglich die Profitorientierung des Ladens. Sowie Jeff Bezos. Sowie alle anderen Anteilseigner, denn im Rahmen unserer Grenzen gehört Amazon jetzt uns, der Gesellschaft. Nichts für ungut, Jeff.[134] (Und nichts für ungut, Mark, Eric, Sergej, Tim – wir wissen eure Vorarbeit zu schätzen, aber wir kommen ab jetzt ganz gut ohne euch klar. Unser Respekt für eure Erfindungen sei euch gewiss, für immer, unsere Zahlungen an euch sind allerdings eingestellt, ebenfalls für immer.)

Einigen wir uns doch jenseits der Luxusdebatte zunächst mal auf das Wesentliche, zum x-ten Mal:

WIR HABEN ALLES.

Ziehen wir die Grenze um unser willkürlich so genanntes 1-Prozent-der-Weltbevölkerung-Mini-Luxus-Land, haben 83 Millionen hier lebende

Menschen ab morgen keine Angst mehr und keinen Existenzdruck. Wir haben alle ein Dach über dem Kopf, beheizt, mehr als genug zu essen und zu trinken. Und Youtube. Und Skype. Und Windeln (von Amazon Prime).

Es wird Zeit für einen gewichtigen Horror-verdacht.

Denn wir brauchen ja weiterhin nicht nur eine warme Heizung, sondern auch Klopapier. Und jemand, der den Spargel sticht. Und jemand, der die Alten pflegt. Und die Jungen unterrichtet (online, gern auch mal live versammelt). Und jemand, der Gauner jagt. Und Feuer löscht. Und wenn alle alles gratis haben ... »Ja, genau! Dann ist alles vorbei! Denn dann arbeitet ja keiner mehr! Dann wird keiner mehr unsere Alten pflegen, den Müll abholen, Spargel stechen, Medikamente erfinden, Feuer löschen, Gauner jagen, da wird nicht mal mehr jemand Katzenvideos ins Netz stellen, wenn das keiner mehr *muss*! Und dann müssen wir alle verhungern! Und sterben!«

Langsam.

Es wird weiterhin viel zu tun geben.

Und genügend Menschen, die arbeiten wollen. Ohne Bezahlung. Wer diese Aussage spontan als absurd empfindet, sitzt einem lang gehegten Denkfehler auf und geht davon aus, dass in unserer existenzsicheren Verschenkwelt bei Gratislicht und Gratisäpfeln alle Herzchirurgen und Krebsmittelforscher einfach auf dem Sofa liegen bleiben, wenn man ihnen kein Gehalt mehr zahlt.

Und Christiano Ronaldo guckt dann auch nur noch Netflix.

Das ist eine überaus sonderbare Weltsicht. Denn tatsächlich sind wir von Geburt an ganz anders motiviert als von »Geld«. Wir sind neugierig. Wir probieren Dinge aus. Sonst gäbe es kein Rad und kein Feuer, vermutlich säßen wir immer noch auf irgendwelchen Bäumen. Von denen sind wir hinuntergestiegen und haben uns die Finger verbrannt, weil wir nach Antworten suchen. Und wir haben Talente. Wir haben Leidenschaften. Wir Alle. Es gibt tatsächlich Menschen, die es toll finden, Leben zu retten, ob als Chirurgen, als Forscher oder Pfleger. Und es gibt Menschen, die gern Haare schneiden. Oder Fußball spielen. Bleiben tatsächlich jene auf dem Sofa liegen, die das alles nur wegen des Geldes gemacht haben, auch gut. Oder vielleicht sogar umso besser. Wir haben noch haufenweise andere hochtalentierte Leute, sowohl am Skalpell als auch am Ball.

Wir wollen hier aber nicht unerwähnt lassen, dass wir gewisse Tätigkeiten auch weiterhin entlohnen werden, über Gebühr, also erbrachte Dienste des Einzelnen an der Gemeinschaft. Dass also der Chirurg oder Abfallbeseitiger von uns durchaus honoriert wird, sofern er seine Lebenszeit (Zeit ist ja alles, was wir haben)[135] in den Dienst aller stellt. Insbesondere gilt dies aber für jene, die anders als Christiano Ronaldo nicht sowieso nur machen, was sie leidenschaftlich gern machen, sondern Tätigkeiten ausüben, die tatsächlich wichtig sind, die aber – anders als das Treten eines Balles – nicht per se einfach sind. Also die systemrelevanten Tätigkeiten. Die von Ärzten, Pflegern, Müllwerkern, Rohrreinigern, Schlachtabfällebeseitigern, Lehrern. Und es gehört nicht viel Fantasie zu der Erkenntnis, dass eben hier die »unsichtbare Hand des Marktes« tatsächlich tut, was sie eigentlich immer tut, wenn man sie lässt: Sie findet einen Preis, eine Anerkennung, einen Lohn für diese Tätigkeiten.

Kürzen wir das an dieser Stelle ab: In einer existenzsorgenfreien Gratiskultur wird trotz der weggefallenen Notwendigkeit, einen Job machen zu *müssen*, der Run auf die systemrelevanten Jobs groß sein. Denn diese Tätigkeiten werden von der Gemeinschaft gut entlohnt, in Form von Aufmerksamkeit, von Wertschätzung und auch von Mitteln zum Mehrzweck. Der Job des Müllwerkers wird plötzlich sehr gefragt sein. Der des Lehrers auch. Die Zahl der Bewerber wird hoch sein, und die »unsichtbare Hand« wird dafür sorgen, dass nur die Besten unsere Kinder unterrichten, nur die schnellsten unsere Feuer löschen und unsere Gauner jagen, und nur die freundlichsten unsere Alten pflegen. Und niemand wird diese Besten, Schnellsten, Freundlichsten darum beneiden, dass sie ein paar mehr Sterntaler haben als wir, die wir diese wichtigen Jobs *nicht* bekommen haben. Uns anderen wird schon was einfallen, denn wir können ja auch noch was anderes. Zum Beispiel Sachen reparieren.

Oder ein Perpetuum mobile erfinden. Oder lustige Videos drehen. Und sollte dies oder jenes wiederum anderen richtig gefallen, bezahlen sie dafür bestimmt auch ein paar Sterntaler. Aber selbst wenn nicht, stört uns das auch nicht, denn wir sind erstens angstfrei in Sicherheit, und zweitens tätig, weil es uns Freude bereitet.

Über das Schicksal unserer Bullshitjobber, insbesondere unserer vorher gesamtschädlichen Investment- und Finanzblasenhändler, machen wir uns bei alldem keine echten Sorgen. Wir lassen ja keinen zurück, ein warmes Zimmer und etwas Obst finden sich immer. Und wer nun so gar nichts Nützliches kann, keinerlei Interessen hat, nicht mal am Ukulelespiel, der bleibt eben auf dem Sofa liegen, bei Kost und Logis. Aber unterschätzen wir diese Leute nicht! Auch unter den scheinbaren Derivatenichtsnutzen werden viele sein, die hervorragend Fußball spielen können und Christiano Ronaldos Platz in Mailand gern einnehmen, sofern der beim neuen Gehaltsangebot von »15 Sterntaler pro Monat« partout nicht mehr aufstehen will von seinem Sofa.

Hier treffen wir uns mit Visionärin Auken. Da unsere Existenzangst über Nacht verschwunden ist, ist unsere Kreativität und Freude grenzenlos. Aber anders als bei Auken wird in unserer neuen Normalität niemand überwacht. (Über die extrem wenigen Kontrollen, die gegebenenfalls erforderlich sein werden, sprechen wir später. Hier genüge mit Hinweis auf das Prinzip

»Default-Modus Vertrauen«, dass wir uns bei allgemein herrschender Transparenz darauf verlassen können: Wer über Nacht mit einem frischen 6er-BMW vorfährt, bekommt beim Bäcker garantiert nur noch Gratisbrötchen von gestern, und wer allen Ernstes das generell gesetzte Vertrauen aller anderen missbraucht, der landet natürlich bei Wein und Trauben im offenen Vollzug. Ohne BMW.)

Das von allen verinnerlichte neue Grundgesetz »Wir leben Güte!« wird aber zudem, um diesen Ausblick zu beenden, eine ganz neue Währung auf der Welt erscheinen lassen, förmlich über Nacht. Denn da wir nichts und niemand mehr über Geld definieren können, Geld an sich faktisch keinen Wert mehr hat und keinen eingebauten Sinn, werden wir andere Maßstäbe finden müssen, die uns beeindrucken. Und das wird schnell gehen.

Unsere Freude am sportlichen Wettkampf wird nicht verschwinden. Auch unser Neid, Kehrseite unserer Bewunderung, wird nicht über Nacht spurlos verschwinden. Wir vergleichen und messen uns nun mal gern, das liegt in unserer neugierigen Natur, hier kommt es nur darauf an, in welcher Hinsicht wir uns vergleichen, was uns erstrebenswert erscheint, was wir als bewundernswert erachten. So werden wir in einer Welt, die nach Güte strebt, all jene beneiden, die von allen geliebt und geschätzt werden, weil sie viel können und alles teilen. Und wir werden diesen Leuten nacheifern, so gut wir können, denn wir lieben es, geschätzt zu werden.

Nicht auszudenken – oder eben doch: Wir werden einen wilden, fairen Wettkampf erleben darum, wer den anderen am besten hilft. Wir werden Helden küren und mit unserer wichtigsten Währung überschütten, unserer Aufmerksamkeit. Und jeden Samstag stellen wir unserem Menschen der Woche die 90 Minuten Prime Time am Samstag im Fernsehen zur freien Verfügung, mit Rekordeinschaltquote.

Das ist die Downside der Güte: Wir werden manchmal abends ins Bett sinken, erschöpft von all dem Wettkampf-Altruismus, und einsehen müssen, dass uns schon wieder eine/r besiegt hat in den Gutmenschen-Charts. Aber wir bleiben ehrgeizig. Morgen! Morgen werden wir selbst ganz oben stehen auf dieser Liste! (Aber vielleicht, nein, vielleicht bleiben wir morgen auch einfach mal liegen und gucken Netflix, es ist ja da draußen für alles gesorgt, und die Welt ist dank all dieser konkurrierenden Gütigen so gut, dass man's ja kaum mehr aushält.)

Wo bei all diesem Kreisen um das wahrhaft Menschliche unsere Maschinen bleiben? Na, wo wohl, bestimmt nicht auf dem Schrottplatz. Sondern an unserer Seite. Dienend. Maschinen, Roboter, KI – die werfen wir doch nicht weg! Die Maschinen nehmen uns auch weiterhin die Arbeit weg. Aber wir haben die unselige Verbindung zwischen Arbeit und Essen endlich gekappt, und niemand weiß mehr, was dieser Müntefering überhaupt meinte (»Wer war das noch mal?«). Will ein Mensch eine Arbeit machen, bleibt die Maschine ungebaut. Will kein Mensch eine Arbeit machen, macht die Maschine die Arbeit für ihn. Was sie erwirtschaftet, kommt aber der Gemeinschaft zugute, die Maschine ersetzt den Menschen, anders als in der jüngeren Vergangenheit, nicht nur als Arbeitskraft, sondern auch als Mitglied der Gemeinschaft, als Versorgerin. Sie würde förmlich in die Sozialkasse einzahlen, wenn es die noch gäbe. Und so trifft nur ein, was John Maynard Keynes schon 1930 wusste: Wir werden am Ende Mühe haben, wenigstens noch für 15 Stunden pro Woche überhaupt Arbeit zu finden, für uns Menschen.[136] »Aber dann wird doch kein Investor mehr die Maschinen bauen, wenn es für das von ihm eingesetzte Geld keinen »Return on Investment« gibt?!« Ach, Leute. *Ihr* seid der Investor, Geld war nur ein Mittel zum Zweck, aber da ihr den Zweck jetzt kennt, ist das Mittel entbehrlich. Der *Return* ist in unserer Welt keine Wertschöpfung in Euro und Cent, sondern in unsere neue Währung, der unbezahlbaren Wertschätzung.

Wir haben uns nun, so kurz vor dem Ende (das kein Ende sein wird), noch zwei Gedanken zu machen über unsere Vertreter, die zukünftigen. Denn 83 Millionen (im hier gewählten exemplarischen Kreis) müssen bei aller gesetzten kategorischen Güte, bei allem Zusammenhalt und Zugehörigkeitsgefühl, über Fragen, die alle betreffen, gelegentlich beraten, abstimmen und entscheiden. Dies wird sich in vielen Fällen per Volksentscheid machen lassen, da wir ja unsere Maschinen nicht wegwerfen und alle jederzeit vernetzt bleiben, aber es erscheint doch geraten, gerade bei komplexeren Sachverhalten die Ansichten, Meinungen und Deinungen von Fachleuten zu hören und gegebenenfalls auch Volksvertreter über die Vorschläge dieser Fachleute abstimmen zu lassen.

Wir bleiben Demokraten. Aber nicht die Demokraten, die Aristoteles ursprünglich meinte, denn seiner Definition von Demokratie nach waren nur »Bürger« wahlberechtigt. Das klingt gut, aber als »Bürger« galt in Athen eben nur, wer über Besitz verfügte. Also etwa 10 Prozent der Bewohner. Der Rest, alle Nichtbesitzenden, hatten nichts zu sagen und keine Stimme. So gesehen hatten wir auch 2020 noch eine astreine Demokratie nach Aristoteles' Vorstellungen. Die Mitbestimmung von jedermann und (undenkbar) -frau hingegen wäre für Aristoteles gefallen unter den Begriff »Ochlokratie« – übersetzt: die Herrschaft des Pöbels. Aristoteles hätte dieser Herrschaft die jedes Einzeltyrannen vorgezogen.

Wir ziehen es vor, echte Abstimmungen zu riskieren. Aber wir sind auch fein raus, denn im Gegensatz zu den alten Griechen haben wir uns ja alle der Güte verpflichtet.

Das Wahl- und Parteiensystem ist indes aus diversen Gründen überholt, beides hat sich überlebt. Team Mensch erkennt an, dass wir nicht mehr im Zeitalter von Pony Express und Telegrammstation leben, sondern längst auf »Neuland« (Merkel), wir also über Netze verfügen, die uns rund um die Uhr miteinander verbinden.

Wir werden Vertreter haben. Wir werden ein Parlament haben. Unsere Vertreter werden aber keine Parteimitglieder sein, und wir werden sie auch nicht wählen. Wozu haben wir unsere immer noch vorhandenen Maschinen und die (wenigen) unseren Zwecken dienenden Basisdaten, die zu sammeln wir sie weiter ermächtigen? Unsere Maschinen werden eine repräsentative Auswahl aus uns allen treffen, aus 83 Millionen, und aus dieser 145 Gruppe die tatsächlich repräsentative Besetzung unseres 250 Frau und Mann starken Parlamentes ... auswählen. Zufällig. Denn es gibt kein tatsächlich wirksameres Mittel zur Beschneidung von Macht und zur Verhinderung jeglicher Form von Korruption als – den Zufall. Deshalb folgen wir dem Vorschlag von David van Reybrouck.[137] Und würfeln unser Parlament zusammen.

Manipulationen im Vorfeld? Sind ausgeschlossen.

Meinungsmache durch Lobbygruppen? Ausgeschlossen.

Manipulationsversuche an Amtsträgern? Nicht ausgeschlossen. Der Versuch ist möglich, aber jeder Parlamentarier wird abwählbar sein vom Schwarm (mit absoluter Mehrheit). Jederzeit.

Wozu haben wir denn die Netze? Und wozu haben wir so schön gelernt, Stars aus dem Dschungelcamp rauszuwählen? Also: Freuen wir uns auf ergebnisoffene Live-Diskussionen und Debatten zwischen unseren repräsentativ ausgewählten Vertretern, von der Frage, welches Land welche Entwicklungshilfe von uns erhalten soll (und wie viele von uns hindürfen, um mitzubauen), bis zur Debatte über die Verringerung oder Erhöhung der Erbschaftsabgabe zwischen unseren zwei repräsentativen Reichen (Ob Jacht- oder Brauereierbe, wir enteignen niemand!) und unseren anderen repräsentativ erwürfelten 250 Parlamentariern. Unsere Systemrelevanten, Künstler, Risikogruppen und würdevoll Hochbetagten haben dazu ja vermutlich auch eine Meinung, und ab jetzt sind sie sogar vertreten und haben eine Stimme.

Das war der Worst Case! Der Schlimmstenfall!

In groben Zügen, zugegeben, aber uns geht ja auch langsam das Papier zur Neige, und zu besprechen haben wir demnächst ohnehin noch haufenweise Details. Der Worst Case aber ist kein schlimmer Fall. Auch im Worst Case besteht kein Grund zur Sorge. Und die zwischen Worst und Best Case gelegenen Zwischenfälle sind allemal wahrscheinlicher als der Worst Case. Geschildert war hier nur der allerschlimmste, nicht schlimme, um aufzuzeigen: Wir müssen keine Angst haben.

Wir können eine gute Zukunft haben.

Oder die andere, die des Team Bill.

Oh ja, da gibt's noch Fragen. Viele. Gönnen wir uns Anstecknadeln? Automatisch generierte Citizen-Score-Nadeln, um die stolz herumzutragen, um den Güte-Wettkampf zwischen uns ... anzustacheln? Und was soll eigentlich diese Himbeere auf der Fahne, ist die gesetzt? Ginge nicht auch eine Blaubeere? Eine Stachelbeere? Lasst uns mal abstimmen. Brauchen wir fünf verschiedene Toiletten oder reicht eine? Könnten wir bitte endlich auch eine Gött*in* ins Pantheon lassen, neben Gott, Allah, Manitou, Buddha und wie die Typen alle heißen, und nach dem Göttinnendienst abschließend alle sagen »AWomen«? Gut, auch darüber verhandeln wir noch mal, wir haben viel zu besprechen. (Aber eins sag ich euch, Turm, Kanone und Adler kommen uns nicht auf die Fahne.)

Den Abschluss dieser Betrachtungen und der im zweiten Teil vorgestellten Motive und Ziele des Team Mensch sollen nun zwei kurze Denkanstöße bilden, von den Schmierzetteln der namentlich nie genannten Verschwörer heruntergesammelt und nach bestem Wissen transkribiert (manche Leute sollten sich wirklich mal einen Windowsrechner und Word kaufen, die haben teilweise eine unmenschlich unleserliche Handschrift):

HAND UND FUSS
von N. N., Radikalhumanpoetin

Wenn man euch die Menschlichkeit ganz
zu nehmen droht, endgültig,
wenn der Boden zu wanken beginnt unter allem,
was euch ausmacht, erinnert euch,
remember, remember,
nicht nur am fifth of november:
Der Alptraum endet, sofort, wenn ihr
euch kollektiv verweigert. Ihr, die Menschen,
ihr, die Relevanten. Ihr, die Eltern. Ihr,
die Lehrer, Pfleger, Bauern, Müllwerker,
Verteiler, Verkäufer, Köche, Kellner, Wirte.
Ihr, die Schlechtergestellten, ihr, die
Runtergebättelten,
ihr, die Unbezahlten. Ihr:
im Verein mit euren bessergestellten Ärzten.
Souverän seid ihr. Der die das Souverän.
Seid ihr. Selbst.
Der Tag kommt, an dem Team Mensch euch
auffordern wird.
Der Tag, an dem wir euch rufen.
Der Tag für Hand und Fuß.
Der Tag, an dem ihr den Kreis vor eurem Körper
schließt
und direkt danach einmal mit dem Fuß auftretet.
Genug!
Ein neuer Kreis beginnt.
Es kommt der Tag, an dem ihr streiken werdet.
Alle.

Streiken und verweigern. Steuerzahlung einstellen.
Nur noch bar bezahlen,
mit legalem oder illegalem Geld.
Oder gar nicht.
Der Tag, an dem ihr euch alle
krankschreiben lasst, dauerhaft.
An dem ihr Anträge stellt. Klagt. Egal, gegen was.
In den Knast geht. Drinbleibt.
Im Knast, im Haus, in der Wohnung. Ohne Maske.
Nach einer Woche ist der Spuk vorbei.
Und wir finden uns in einer neuen Welt.
Auf dem Weg zur Heilung.
Mensch! Wir lesen uns, wir hören uns,
wir sehen uns.
Und dabei sei unser Erkennungszeichen eben jenes,
das uns von den Maschinen,
den Nicht-Atmenden,
unterscheidet.
Sich zu verschwören miteinander,
das kommt vom Konspirieren, von con-spire,
und wir haben nicht vergessen, was das heißt,
con - zusammen, spire - atmen:
gemeinsam zu atmen.
Demnächst, alle zusammen: auf!

■ ▲ ▮

INVESTMENTIPPS 2021f.

von N. N., Taschenrechner/Anlageberater i. R.

Deutscher Bundeshaushalt 2019 = 357 Mrd. €,
2020 = 508 Mrd. € (Nettokreditaufnahme =
218 Mrd. €), 2021 = 413 Mrd. €[138]
In 2021 enthalten u. a. 4,5 Mrd. € für die TUI,
2022 unklar. Beginnend morgen richten 83 Mio.
für einen einzelnen Empfänger, Platzhalter
»Teammensch«, einen Dauerauftrag über
1 €/Tag ein, Verwendungszweck »Geschenk«,
Teammensch erhält also täglich 83 Millionen €
geschenkt. Steuerfrei.
Ein Kraftwerk (KW) (gebraucht, verkehrsun-
günstige Lage) kostet ab ca. 150 Mio. € (steht
nicht bei Immoscout). Teammensch kauft alle
2 – 3 Tage ein KW und schenkt dieses einer Stadt
oder Gemeinde, die Gemeinde betreibt das KW
gemeinnützig, ohne Gewinnerzielungsabsicht,
die Stromkosten sinken um 50 – 70 Prozent.
Es gibt 300 Kraftwerke (> 100 MW) in D, statt
der TUI hätten wir schon 30, den Rest bis 2023.
Für 1 Euro am Tag. Für ein Krankenhaus (KH)
müsste Teammensch etwas länger sparen, ein KH
(500 Betten) kostet im Schnitt ca. 240 Mio. €
Zurückschenken aller (1925) deutschen Krankenhäuser dauerte also bis ca. 2035. Hingegen
ergibt sich bei einmaligem (1 Jahr) Zusammen-
legen = 83 Mio. x 10 €/Tag = 83 Mio. x 3.650 € =
303 Mrd. €, alle Krankenhäuser (462 Mrd. €)
wären in Reichweite. – Sollte kein Konsens mit

den 83 Mio. Mitmenschen von Teammensch erziel-
bar sein, empfehle ich als einzige alternative
Strategie: Investiert all euer Geld in Amazon-
Aktien und bewerbt euch bei Microsoft. Und
haltet euch ran, mit Säbel und Klauen, um zu den
überlebenden 800 Millionen Reichen oder zu den
überlebenden 1,2 Milliarden Sklaven zu gehören.
Mfg N. N.

So bleibt es dabei, abschließend, in Sachen »Zukunftsvisionen« weiter fest mit TINA an unserer
Seite, auf jedem heimischen Sofa, im Wissen, dass
TikTok kein Fluchtpunkt ist, sondern das Ge-
räusch unserer gemeinsam auf High Noon zu-
laufenden Uhr. Mit Klaus gesprochen, der direkt
neben TINA sitzt: »Nichts zu tun ist keine gangbare Option.« Ergänzend, mit Winston Churchill
gesprochen, weil Bill persönlich den so liebt und
ihn das Motto für dieses Endspiel hat ausgeben
lassen: »Die Jahre nach 2021 mögen denen nach
1945 ähnlin. Aber die beste Analogie stellt wohl
der 10. November 1942 dar. England hatte gerade seinen ersten Sieg zu Lande errungen, und
Winston Churchill erklärte in einer Rede: ›Dies
ist nicht das Ende. Dies ist noch nicht einmal der
Anfang vom Ende. Aber es ist vielleicht das Ende
des Anfangs.‹«[139]
    Klingt, als wären wir uns schon wieder einig.
    So. Oder so.

Mein herzlicher Dank für alles (Inspiration, Unterweisung, Hinweisung, Unterstützung, Erklärung, Aufklärung, Lehren, Lob, Widerspruch, Kritik, Korrekturen, Geld, Geschenke, Umarmungen, Druck, Entlastung, Nähe, Ruhe, Skepsis, Vertrauen, Güte, Menschlichkeit) geht an die Teammenschen Andreas, Annette, Conny, Emma, Felix, Hinni, Jana, Jens, Jens, Jens, Katia, Katharina, Lisa, Natalie, Nathalie, Robert, Roland, Paul, Sebastian, Sophia, Susanne, Sven und Uli.

Zur geneigten Lektüre ausgewählt empfohlen:

→ Rutger Bregman: *Im Grunde gut: Eine neue Geschichte der Menschheit* (Rowohlt 2020)
→ Yuval Noah Harari: *Homo Deus: Eine Geschichte von morgen* (C.H. Beck 2018)
→ Charles Eisenstein: *The More Beautiful World Our Hearts Know Is Possible* (North Atlantic Books 2013), sowie *The Coronation* (charleseisenstein.org/essays/die-kronung)
→ Adrian Lobe: *Speichern & Strafen* (C.H. Beck 2019)
→ Paul Jorion: *Der Letzte macht das Licht aus. Ein Essay über die Auslöschung der menschlichen Spezies* (Zweitausendeins 2018)
→ Mark Manson: *Everything is fucked. A book about Hope* (HarperCollins 2019)
→ Dmitry Orlov: *Die Lehre vom Kollaps: Die fünf Stufen des Zusammenbruchs und wie wir sie überleben* (Brennende Bärte 2020)
→ Tom Phillips, *Humans. A Brief History of How We Fucked It All Up* (Wildfire 2019)

→ Neil Postman: *Die zweite Aufklärung: Von 18.
  ins 21. Jahrhundert* (Berlin Verlag 2000)
→ Douglas Rushkoff: *Team Human*
  (W. W. Norton 2019)
→ Fabian Scheidler: *Chaos. Das neue Zeitalter der
  Revolutionen* (ProMedia 2017)
→ Paul Schreyer: *Chronik einer angekündigten
  Krise: Wie ein Virus die Welt verändert*
  (Westend 2020)
→ Roy Scranton: *Learning to Die in the Anthro-
  pocene. Reflections on the End of a Civilisation*
  (Green Lights 2015)
→ Philipp von Becker: *Der neue Glaube an die
  Unsterblichkeit: Transhumanismus, Biotechnik
  und digitaler Kapitalismus* (Passagen 2015)
→ Andreas von Westphalen: *Die Wiederent-
  deckung des Menschen: Warum Egoismus, Gier
  und Konkurrenz nicht unserer Natur entsprechen*
  (Westend 2019)

Fortsetzung und Updates – auf Rubikon.news und
auf erzähler.net. Keiner weiß, wie die Versamm-
lungsseite(n) dann heiß(t)en, ob Team Mensch,
wir-d.de, verschwört-euch.org oder irgendwas mit
Himbeeren[140] (Die Verschwörung ist ja noch eine
Verschwörung. Aber sofern der Wunsch besteht,
finden wir uns. Und einander.)

1 Jeder Mensch glaubt an irgendetwas. Sogar Fatalisten und Nihilisten glauben. Jeder nimmt irgendwas an, und sei es die totale Sinnlosigkeit alles Geschehenden und alles Handelns. Selbst der Glaube an Nichts ist ein Glaube. Auch der betreffend jede Verschwörungstheorie strikt »Zufallsgläubige« lügt sich bequem die Tasche voll, glaubt er doch, im täglichen Leben wenigstens gelegentlich durch sein Handeln auf sein eigenes Schicksal Einfluss genommen zu haben und weiter Einfluss nehmen zu können. Hielte er den allgegenwärtigen Zufall für die generelle Erklärung alles Geschehenden, folgte daraus ja nur, dass sein eigenes Handeln ganz grundsätzlich bedeutungslos für alles Geschehen war und ist. Der wahrhaft Zufallsgläubige müsste also akzeptieren, dass nichts von dem, was er tut, die Folgen hat, die er mit seinem Tun zu bewirken beabsichtige. Die Freiheit seines Willens wäre demnach vollkommen bedeutungslos. Dieser Glaube ist nicht sonderlich verbreitet.

2 Exemplarisch unser Bundesentwicklungsminister Gerd Müller im September 2020: »An den Folgen der Lockdowns werden weit mehr sterben als am Virus. Allein auf dem afrikanischen Kontinent rechnen wir dieses Jahr mit zusätzlich 400.000 Malaria-Toten und HIV-Opfern sowie einer halben Million mehr, die an Tuberkulose sterben werden. [...] Allein 25 afrikanische Staaten stehen vor dem Staatsbankrott. Investoren haben 100 Milliarden an Kapital abgezogen, Währungen und Rohstofferlöse sind eingebrochen.« www.handelsblatt.com/politik/deutschland/coronakrise-entwicklungsminister-mueller-an-den-folgen-der-lockdownswerden-weit-mehrmenschen-sterben-als-am-virus/26209144.html?ticket=ST-11148141-vBcj91GFa-JILGmjc4YuL-ap2

3 Ganz und gar müßig ist es, sich klarzumachen, wie wir mit der Pandemie umgegangen wären, bestünde ein natürlicher Zusammenhang zwischen Tätigkeit und Überleben im Sinne von »Wer nichts anpflanzt, hat nichts zu essen«. Im übertragenen Sinn, für eine Gesellschaft, die komplexer »anbaut« (auch Dienstleistungen) und ihren Leistungstausch mittels »Geld« organisiert, bedeutete das aber auch: Kommt die produktive Tätigkeit zum Erliegen, fehlt das Geld für alle, auch und gerade für Pensionäre und Beamte. Unsere kollektive, edle Entscheidung, zwecks Lebensschutz alles einzustellen, hätte so unmittelbar dazu führen müssen, dass nicht nur Künstler und Köche von jetzt auf gleich lediglich noch auf ihre Ersparnisse hätten zurückgreifen können und ansonsten pleite gewesen wären, sondern auch alle Beamten. Kurzarbeitergeld hätte ebenfalls nicht gezahlt werden können. Wir dürfen davon ausgehen, dass unsere Reaktion auf die »Pandemie-Bedrohung« ohne Banken und/oder Kreditrahmen fundamental anders ausgefallen wäre, aber da »hätte, wäre, Fahrradkette« (Lothar Matthäus) nicht zielführend ist, wird dieser Aspekt der Gesamtkrise im Haupttext nicht mal für fünf Cent vertieft.

4 www.welthungerhilfe.de/presse/pressemitteilungen/2020/corona-
pandemie-kluft-zwischen-arm-und-reich-nimmt-zu. Im Übrigen haben
»Die Milliardäre in den USA [...] ihr Vermögen laut einer Studie seit Beginn
der Corona-Pandemie um mehr als eine Billion Dollar (knapp 827 Milliarden Euro) gesteigert. Während das Gesamtvermögen der US-Milliar-
däre am 18. März noch bei rund 2,95 Billionen Dollar gelegen habe, sei
es bis Montag dieser Woche auf mehr als vier Billionen Dollar gewachsen,
heißt es in einer am Mittwoch veröffentlichten Studie der Denkfabrik Insti-
tute for Policy Studies (IPS) und der Organisation Americans for Tax Fair-
ness (ATF).«; www.spiegel.de/wirtschaft/vermoegen-der-us-milliardaere-
waechst-um-eine-billion-a-5922757e-92b0-423b-b230-51ee4d309b3d

5 Beispielhaft, natürlich hochumstritten: Carl Benedikt Frey, Michael A.
Osborne, »The Future of Employment; How Suspectible are Jobs to
Computerisation?«, 17.09.2013. www.oxfordmartin.ox.ac.uk/downloads/
academic/The_Future_of_Employment.pdf

6 Roland Rottenfußer, »Komplementäre Wirklichkeit«, Rubikon 10.10.2020;
www.rubikon.news/artikel/komplementare-wirklichkeit

7 Klaus Schwab, Thierry Malleret: Covid-19: Der große Umbruch, Welt-
wirtschaftsforum 2020, S. 89

8 Ebd., S. 68

9 Der geneigte Leser findet diese Frage betreffend ggf. eine gute, wenngleich schon leicht veraltete Annäherungsbasis bei Stefania Vitali et. al.,
»The network of global corporate control«, PLoS One, Oktober 2011;
journals.plos.org/plosone/article?id=10.1371/journal.pone.0025995. Der
damals noch aus 147 Unternehmen bestehende Kern des Netzwerkes,
dessen Wirtschaftskraft größer ist als die aller Staaten, dürfte zahlen-
mäßig geschrumpft sein, die Anzahl der Eigentümer, die 80 Prozent des
Wertes aller transnationalen Konzerne kontrollieren, dürfte aber weiter
unter 1000 liegen. Diese sind allerdings sehr bescheiden und geben mit
ihrem Einfluss nicht an, daher sind die meisten Namen schwer in Erfahrung zu bringen.

10 Tweet von der Leyens im Anschluss an die Covid Global Response Geber-
konferenz (4. Mai 2020), bei der 7,4 Milliarden Euro an Steuergeldern
für die Entwicklung von Impfstoffen eingesammelt wurden, die dann für
die Spender nicht umsonst sein würden. Garniert mit ein paar anderen
Twitter-Preziosen bei RT Deutsch: de.rt.com/europa/102214-thank-you-
for-your-leadership

11 Thomas Kruchem, »Die WHO am Bettelstab: Was gesund ist, bestimmt
Bill Gates«, SWR 2017: »Die Weltgesundheitsorganisation WHO wird mitt-
lerweile zu 80 Prozent von privaten Geldgebern und Stiftungen finanziert. Größter privater Geldgeber ist die Bill und Melinda Gates Stiftung.

Seit der Jahrtausendwende hat die Gates-Stiftung der WHO insgesamt 2,5 Milliarden Dollar gespendet.«; www.swr.de/swr2/wissen/who-am-bettelstab-was-gesund-ist-bestimmt-bill-gates-100.html

12 »Die Gates Foundation hat [...] auch die Johns Hopkins University groß-zügig bedacht. Im Laufe der Jahre kamen da so an die 200 Millionen Dollar zusammen – Zwecke: Public Health und Familienplanung.« (Walter van Rossum, Meine Pandemie mit Professor Drosten, Rubikon 2020, S. 107). Das sehr schön und aufwendig gestaltete Covid-19-Pandemie-Dash-board der JHU dient bereits seit 22. Januar 2020 als das weltweite Pande-miethermometer: »Am 1. Februar gab es außerhalb Chinas weniger als 200 angeblich mit ›Covid-19‹ infizierte Fälle.« (ebd., S. 140). Auch hier ist die vorausschauende Wachsamkeit zu loben, denn so was Komplexes programmiert man ja nicht über Nacht.

13 »Der Charité wurden von Bill & Melinda 2019 und 2020 insgesamt über 300.000 Dollar überwiesen.« (ebd., S. 107). Alles Weiterreichende findet sich en detail in Walter van Rossums gründlich recherchiertem Buch.

14 Leiter des Covid-19 Response Team des Imperial College, seit Jahrzehnten gestandener Pandemiefolgen-Modellierer (»Die Autoren des »COVID-19 Reponse Teams« lassen keinen Zweifel: Ohne radikale Maßnahmen wird es in Großbritannien ca. 500.000 Tote und in den USA sogar 2,2 Millionen Tote binnen drei Monaten geben.«). Die Bill-und-Melinda-Gates-Stiftung ließ dem IC allein 2020 79 Millionen Dollar zukommen, in den letzten zehn Jahren waren es insgesamt 179 Millionen Dollar. (ebd., S. 195f).

15 Siehe exemplarisch Tim Schwab, Journalism's Gates Keepers, Columbia Journalism Review 21.08.2020: »I recently examined nearly twenty thou-sand charitable grants the Gates Foundation had made through the end of June and found more than $250 million going toward journalism. Reci-pients included news operations like the BBC, NBC, Al Jazeera, ProPu-blica, National Journal, The Guardian, Univision, Medium, the Financial Times, The Atlantic, the Texas Tribune, Gannett, Washington Monthly, Le Monde, and the Center for Investigative Reporting; charitable organiza-tions affiliated with news outlets, like BBC Media Action and the New York Times' Neediest Cases Fund; media companies such as Participant, whose documentary Waiting for ›Superman‹« supports Gates's agenda on charter schools; journalistic organizations such as the Pulitzer Center on Crisis Reporting, the National Press Foundation, and the International Center for Journalists; and a variety of other groups creating news content or working on journalism, such as the Leo Burnett Company, an ad agency that Gates commissioned to create a ›news site‹ to promote the success of aid groups. In some cases, recipients say they distributed part of the funding as subgrants to other journalistic organizations—which makes it

difficult to see the full picture of Gates's funding into the fourth estate.«;
www.cjr.org/criticism/gates-foundation-journalism-funding.php

16 Im vergleichsweise verschont gebliebenen Deutschland hätte man von
der Pandemie schlimmstenfalls ohne Bill bis heute nichts bemerkt, mit
schlimmstenfalls fatalen Spätfolgen, da bislang (Ende 2020) nur 53.000
von 83 Millionen Bürgern schwer an Covid-19 erkrankten und intensiv-
medizinisch behandelt werden mussten, und der Anteil der ohne andere
schwere Vorerkrankungen nur an Corona Verstorbenen bei 1,4 Prozent
lag, als Todesursache also ganz am unteren Ende der langen Charts, weit,
weit hinter Herz-Kreislauf-Erkrankungen (35 Prozent), Krebs (25 Prozent),
Schlaganfällen, diversen anderen seltenen Krankheiten (unter 5 von 10.000
Betroffene) wie Covid. Krankenhauskeime führen weiter ihr Schattenda-
sein jenseits aller offiziellen Listen, nur Verschwörungstheoretiker gehen
hier von 30.000–40.000 Toten aus, die Ärzteschaft kommt wohl nur auf
etwa 96 iatrogene Tote pro Jahr, alle anderen hatten Vorerkrankungen.

17 Klaus Schwab, Covid-19: Der große Umbruch (WEF Juni 2020), S. 296

18 Für die hier vorgenommene Betrachtung ist unerheblich, ob die 2020
in Deutschland annähernd normale Gesamtsterblichkeit wegen oder
trotz unserer Maßnahmen eingetreten ist. Dies wird sicher noch lange
ausgiebig diskutiert werden, ebenso die Ursachen für die faktisch tatsächlich erhöhten Sterbezahlen 2020 in z. B. den USA, Frankreich, Spanien
(auch in der Gruppe der Jüngeren) und in im April stark betroffenen Regi-
onen wie Südtirol. Dass unsere kollektive Reaktion auf Covid global in
den kommenden Jahren viele zusätzliche Todesopfer fordern wird, steht
indes bereits heute fest, allein die Tuberkulose-Experten rechnen mit
einer Million deshalb zusätzlich Versterbender bis 2025 wegen unterlas-
sener Hilfeleistung, und viele Menschen sind, auch hierzulande, in den
Lockdown- und Shutdownphasen nicht behandelt worden und werden
deshalb Lebensjahre verlieren. Es sei aber an dieser Stelle ausdrücklich
darauf hingewiesen, dass wir auch ohne all diese Einflussfaktoren in den
kommenden Jahren immer eine Übersterblichkeit verzeichnen werden –
selbst dann, wenn alle Coronaviren mit sofortiger Wirkung verschwänden.
2019 starben weltweit etwa 60 Millionen Menschen, 2099 werden es
125 Millionen sein. Dieser Zuwachs hat nichts mit Viren zu tun, sondern
allein damit, dass die Weltbevölkerung im Schnitt immer älter wird, und
irgendwann stirbt tatsächlich jeder. Durch »Pandemien« wie die derzeitige werden die ohnehin sicher zu erwartenden Zuwächse von > + 1 Million
Sterbefälle pro Jahr in manchen Jahren marginal steigen. Mit »jedes Jahr
eine Million Tote mehr« müssen wir aber auch ohne Pandemien rechnen.
Auch die deutsche Sterblichkeit 2020 (48.100 mehr Tote als im Durch-
schnitt der Jahre 2016 bis 2019) entsprach der vorher getroffenen statis-

tischen Prognose, Statistiker Göran Kauermann (Universität München) führt hierzu aus: »Das stimmt soweit als absolute Zahl, es sollte aber nicht leichtfertig als Übersterblichkeit interpretiert werden. Bei der Sterblichkeit von 2020 im Vergleich zu den Jahren davor muss man die Altersstruktur berücksichtigen. Sie müssen wissen, dass der Jahrgang 1940, also der heute 80-Jährigen, besonders geburtenstark war. Das wirkt sich natürlich auf die Sterbezahlen aus. So waren 2020 fast 50.000 Tote mehr zu erwarten als im Schnitt der Jahre 2016 bis 2019 [...]. Daher ist, wenn man um den Alterseffekt bereinigt, das Jahr 2020 ein nicht nennenswert auffälliges Jahr.« Elke Bodderas, Welt, 30.01.2021, »Dann wäre klar gewesen, was wirklich in Deutschland geschieht«; www.welt. de/politik/deutschland/plus225323039/Uebersterblichkeit-Dann-waere-klar-gewesen-was-wirklich-hier-geschieht.html

19 Bill Gates, How to Avoid a Climate Disaster: The Solutions We Have and the Breakthroughs We Need (Knopf, Februar 2021). Der von Bill angeregte »Warp Speed«-Weg zur Weltrettung incl. rasanten, flächendeckenden Ausbaus der Solar- und Windenergiequellen hätte dramatische Folgen insbesondere für die Ärmsten der Welt. Dass Bill in seinem Buch häufiger David McKay heranzieht, verdient ausreichend gewürdigt zu werden, denn McKay war Zeit seines Lebens eben kein Verfechter des windigen Weges. Vergl. McKay, Sustainable Energy – Without The Hot Air (UIT 2009). Die von Gates nicht genannten Aspekte des Gesamtproblems finden sich aktuell exzellent dargestellt in Björn Lomborgs »False Alarm« (Hachette 2020).

20 www.gatesnotes.com

21 Jaja, manchmal gilt Bill als der zweitreichste, manchmal der viertreichste, aber wenn wir fair sind und seine »gemeinnützigen« Stiftungs- und Beteiligungsnetzwerke richtig bewerten, ist er doch bitte schön der Reichste.

22 Bill Gates, Annual Letter 2020, »Why we swing for the fences«: »When you swing for the fences, you're putting every ounce of strength into hitting the ball as far as possible. You know that your bat might miss the ball entirely— but that if you succeed in making contact, the rewards can be huge.«; www.gatesnotes.com/2020-Annual-Letter?WT.mc_id=20200129100000_ AL2020_GFG-ORG_&WT.tsrc=GFGORG

23 »The world after covid-19: Bill Gates on how to fight future pandemics«, The Economist, 23.04.2020; www.economist.com/by-invitation/2020/04/23/ bill-gates-on-how-to-fight-future-pandemics

24 »We ›Don't Want Politicians Saying‹ Which Covid Drugs Should Be Approved«, NBC, Meet The Press (11.10.2020); www.msn.com/en-us/ news/politics/full-gates-you-dont-want-politicians-saying-which-covid-drugs-should-be-approved/vi-BB19Uteo

158

25   »In keinem anderen europäischen Land mit vergleichbarer Wirtschaftsleis-
     tung nimmt der Niedriglohnsektor ein solches Ausmaß an. [...] Jeder Fünfte
     arbeitet im Niedriglohnsektor, Seit den 1990er Jahren ist Deutschlands
     Niedriglohnsektor um gut 60 Prozent gewachsen.« Vergl. aktuelle Studie:
     Niedriglohnsektor: Sackgasse statt Sprungbrett (Bertelsmann-Stiftung);
     www.bertelsmann-stiftung.de/de/themen/aktuelle-meldungen/2020/juli/
     niedriglohnsektor-sackgasse-statt-sprungbrett

26   Zum niedrigen Rentenniveau und unserer Wohneigentumbesitzquote
     lohnt sich ein Blick in die exemplarische Widerlegung dieser »Fake News«
     des correctiv aus dem August 2020, denn wir haben ja sonst momentan
     nicht viel zu lachen; correctiv.org/faktencheck/2020/08/07/facebook-
     bild-zum-rentenniveau-in-deutschland-frankreich-und-italien-ohne-
     relevanten-kontext

27   Der Strompreis für private Haushalte (März 2020) liegt für Deutschland
     mit 39 (Dollar-)Cent (ca. 32,50 Eurocent) pro Kilowattstunde im welt-
     weiten Vergleich am höchsten, kaufkraftbereinigt liegen wir damit unter
     den G20-Ländern mit weitem Abstand ganz vorn. Hauptgrund sind diverse
     Steuern und Abgaben, die inzwischen etwa zwei Drittel des Preises ausma-
     chen, unter anderem Netzentgelte und die EEG-Umlage. Vergl. Statista
     (September 2020); de.statista.com/statistik/daten/studie/13020/umfrage/
     strompreise-in-ausgewaehlten-laendern

28   Ivan Illich, Die Nemesis der Medizin, S. 147

29   Charles Eisenstein, The Coronation, April 2020, charleseisenstein.org/
     essays/die-kronung

30   Philippe Aries, Geschichte des Todes (dtv 1980), S. 176

31   Alles, was wir seit Anfang 2020 unternehmen, geschieht mit dem erklärten
     Ziel, alle Leben zu schützen, d. h., da junge Menschen durch Covid kaum
     oder gar nicht lebensgefährdet sind, die Leben unserer Gefährdeten,
     unserer Risikogruppen, d. h. der Alten, Hochbetagten, nein, das heißt,
     bitte: unserer Eltern. Unsere Reaktion ist richtig und gut und selbst-
     verständlich, denn wir lieben unsere Eltern und möchten, dass sie bei
     guter Gesundheit glücklich hundert werden. Wenn ihre Kräfte schwinden,
     nehmen wir sie bei uns auf, das ist der normale Lauf des Lebens, wir geben
     zurück, was uns selbst, als wir winzig waren, haben zuteilwerden lassen
     an Schutz, Wärme, Liebe. Nur die ganz wenigen, die keine eigenen Kinder
     oder diese tragisch vor der Zeit verloren haben, deren Pflege überlassen
     wir Fremden, notgedrungen. Nur diese wenigen tausend, familienlos,
     sind in schönen Heimen. Diese ... 750.000. Die Pfleger unserer kinder-
     losen Senioren (Beschäftigte in der Heimbranche: 830.000) werden gut
     bezahlt. Und natürlich fragen wir unsere Betagten, was sie möchten,
     wenn eine Pandemie uns alle überrollt. Ob sie allein in ihrem Zimmer

bleiben möchten oder ob sie lieber in die Fußgängerzone möchten, zur Eisdiele, auch wenn das gefährlicher ist; ob sie geimpft werden möchten mit 96 oder lieber nicht. Unsere Eltern fragen wir bei uns zu Hause, denn die sind ja nicht im Heim – dort wäre die Lebensgefahr schließlich noch viel größer als bei uns, und da wir selbst 55–60 sind, droht ja auch keine Gefahr durch unsere eigenen Kinder, denn die sind längst aus dem Haus. Ironie aus. Weiter im Text.

32 »The German dependency ratio <= measure showing the number of dependents 65 years old and above, over the total population between the ages of 15 and 64. It is also referred to as the »total dependency ratio«> is one of the highest in Europe with one person of 65+ for every three-working people. Currently, Germany's dependency ratio is slightly above the European average; in 2050 it is expected to still be above the EU28 average. Germany is one of the European countries facing the most challenging demographic changes.« (European Nursing Homes Report, Spring 2019, Cushman & Wakefield; www.silvereco.fr/wp-content/uploads/2019/05/ETUDE-European-retirement-homes-16-05-19.pdf

33 Jean Ziegler, Das Imperium der Schande, (Pantheon 2007), S. 71

34 »Die Studie Illicit Financial Flows from Developing Countries: 2002-2011 der amerikanischen Forschungsorganisation Global Financial Integrity (GFI) kommt zu dem Ergebnis, dass im Jahr 2011 durch kriminelle Geschäfte, Korruption und Steuervermeidung 946,7 Milliarden Dollar von Ländern des Südens abgezogen worden sind. Das sind 13,7 Prozent mehr als im Vorjahr. Zwischen 2002 und 2011 gingen insgesamt, so GFI, 5,9 Billionen Dollar verloren. ›As the world economy sputters along in the wake of the global financial crisis, the illicit underworld is thriving – siphoning more and more money from developing countries each year‹, erklärt dazu GFI-Präsident Raymond Baker. Die Studie baut auf Forschung auf, die GFI zusammen mit der Afrikanischen Entwicklungsbank seit geraumer Zeit durchgeführt hat. GFI hat für die Berechnung die Untersuchungsmethode verfeinert, die nun erstmals Handelsdaten von Re-Exporten aus Hongkong beinhaltet sowie bilaterale Handelsdaten der Länder, in denen diese Daten zugänglich gemacht wurden. Die Zahlen dokumentieren den starken Anstieg der illegalen Finanzströme. Allein die jährliche reale Zunahme um 10,2 Prozent von Abflüssen aus Ländern des Südens übertrifft deutlich den Anstieg des BIPs in den betroffenen Ländern. Darüber hinaus umfassen die 946,7 Milliarden Dollar, die im Jahr 2011 illegal aus Ländern des Südens geflossen waren, etwa die zehnfache Menge der netto 93,8 Milliarden Dollar, die 2011 an diese 150 Länder gezahlt wurden. Das bedeutet nichts anderes, als dass für jeden Dollar, der in Form von Entwicklungszusammenarbeit geleistet

wird, etwa zehn US-Dollar über illegalen Kapitalabfluss wieder verloren gehen.« (steuergerechtigkeit.blogspot.de/2013/12/europa-entzieht-den-landern-des-sudens.html)

35 Vgl. Michael Schmidt-Salomon, Keine Macht den Doofen (Piper 2012), S. 62

36 »Nach Angaben der OECD betrug die Entwicklungshilfe 2012 rund 125,6 Milliarden Dollar (fast 98 Milliarden Euro). Dies waren demnach 0,29 Prozent des gesamten Bruttoinlandsprodukts (BIP) der Geberländer.« (Zit. n. Handelsblatt, 3.4.2013; www.handelsblatt.com/politik/internationonal/oecd-studie-entwicklungshilfe-hat-abgenommen/8016960.html)

37 Deutschland verpasst das Ziel. (Quelle: Statista, April 2014)

38 Vgl. Peter Singer, Leben retten: Wie sich die Armut abschaffen lässt – und warum wir es nicht tun (Arche 2009)

39 Über 1 Prozent des BIP liegen die Privatspenden nur in den USA (1,8 Prozent), in Israel (1,34 Prozent) und in Kanada (1,17 Prozent); de.statista.com/statistik/daten/studie/72957/umfrage/geldspenden-in-prozent-des-bip-in-ausgewaehlten-laendern

40 Zahlen unter www.betterplace-lab.org/projekte/deutscher-spendenmarkt

41 Die deutschen Kanäle von z. B. KenFM (500.000 Abonnenten), Rubikon, Nuoviso und Oval Media (Corona-Untersuchungsausschuss) wurden im Lauf des Jahres von Youtube gelöscht, nach vorheriger Ankündigung von CEO Susan Wojcicki, man werde alles löschen, was den Empfehlungen der WHO widerspreche: »Anything that would go against World Health Organization recommendations would be a violation of our policy.« (PK am 22. April 2020). Wann Signal, Telegram, Protonmail und Co. dem Twitter-Konkurrenten Parler in die Löschung folgen, ist zum Zeitpunkt der Drucklegung dieses Textes noch unklar, das Schweigen von MSM und Politik zur Abschaltung von Parler indes schon ohrenbetäubend. Fürs Archiv: Glenn Greenwald, »How Silicon Valley, in a Show of Monopolistic Force, Destroyed Parler«, 12.01.2021; greenwald.substack.com/p/how-silicon-valley-in-a-show-of-monopolistic

42 Es trug sich zu, dies Prophezeien des Herrn Bill, am Ostersonntag, dem 12. April des Jahres 2020, im Rahmen der allabendlichen Messe: www.tagesschau.de/multimedia/video/video-687765.html

43 »It'll take months—or even years—to create 7 billion doses (or possibly 14 billion, if it's a multi-dose vaccine), and we should start distributing them as soon as the first batch is ready to go.« Bill Gates, »What you need to know about the COVID-19 vaccine«, 30. April 2020; www.gatesnotes.com/Health/What-you-need-to-know-about-the-COVID-19-vaccine

44 Ebd.

45 Einen guten Ausgangspunkt für die Betrachtung des Problems bietet die PLOS-Studie Imperfect Vaccination Can Enhance the Transmis-

sion of Highly Virulent Pathogens (Read AF, Baigent SJ, Powers C, Kgosana LB, Blackwell L, Smith LP, et al. (2015) Imperfect Vaccination Can Enhance the Transmission of Highly Virulent Pathogens. PLoS Biol 13(7): e1002198;doi.org/10.1371/journal.pbio.1002198: »Our data show that anti-disease vaccines that do not prevent transmission can create conditions that promote the emergence of pathogen strains that cause more severe disease in unvaccinated hosts. [...] There is a theoretical expectation that some types of vaccines could prompt the evolution of more virulent («hotter«) pathogens. This idea follows from the notion that natural selection removes pathogen strains that are so »hot« that they kill their hosts and, therefore, themselves. Vaccines that let the hosts survive but do not prevent the spread of the pathogen relax this selection, allowing the evolution of hotter pathogens to occur. This type of vaccine is often called a leaky vaccine. When vaccines prevent transmission, as is the case for nearly all vaccines used in humans, this type of evolution towards increased virulence is blocked. But when vaccines leak, allowing at least some pathogen transmission, they could create the ecological conditions that would allow hot strains to emerge and persist. This theory proved highly controversial when it was first proposed over a decade ago, but here we report experiments with Marek's disease virus in poultry that show that modern commercial leaky vaccines can have precisely this effect: they allow the onward transmission of strains otherwise too lethal to persist. Thus, the use of leaky vaccines can facilitate the evolution of pathogen strains that put unvaccinated hosts at greater risk of severe disease.« Kommentar, weiterführend, bei den gemeinen Skeptikern um Robert Kennedy. Die meinen das nicht böse, die weisen nur höflich darauf hin, dass manches ggf. komplizierter und gefährlicher ist, als es scheint: Brian Hooker, In Rush to Create Magic-Bullet COVID Vaccines, Have We Made Matters Worse? (The defender, 08.01.2021); childrenshealth-defense.org/defender/rush-to-create-magic-bullet-covid-vaccines/?utm_source=salsa&eType=EmailBlastContent&eId=2f72017a-f2d2-4f62-9e97-23e845f13792

46 »Sollten Geimpfte andere wirklich anstecken können, dürften Abstands- und Hygieneregeln vorerst unverzichtbar bleiben. Julia Neufeind, wissen-schaftliche Mitarbeiterin im Fachgebiet Impfprävention am Robert-Koch-Institut, sagte dem Science Media Center: ,Das Einhalten von Hygie-neregeln wird erst einmal eine wichtige Vorsichtsmaßnahme bleiben, um Ansteckungen zu verhindern.'« (RND, 12.12.2020) www.rnd.de/gesundheit/corona-impfung-konnen-geimpfte-noch-infektios-sein-5PR7VSAHMNDPFFJVBLUWMFFOVY.html

47 Die Schlussfolgerung wäre simpel: Nicht nur müssen wir deshalb alle geimpft werden, wir müssen auch immer wieder geimpft werden, denn mit jedem Vakzin machen wir das wieder austretende Virus gefährlicher, primär für unsere »Risikogruppen« (= Eltern), die wir ja eigentlich schützen wollen.

48 clinicaltrials.gov/ct2/show/NCT04368728

49 Naomi Kleins Ausblick Richtung »No-touch Future« lohnt die Lektüre insbesondere wegen des Blickes in die Gegenwart und die sehr nahe Zukunft. («Screen New Deal«, The Intercept, 08.05.2020): »Public schools, universities, hospitals, and transit are facing existential questions about their futures. If tech companies win their ferocious lobbying campaign for remote learning, telehealth, 5G, and driverless vehicles – their Screen New Deal – there simply won't be any money left over for urgent public priorities, never mind the Green New Deal that our planet urgently needs. On the contrary: The price tag for all the shiny gadgets will be mass teacher layoffs and hospital closures. (…) For (Bill Gates and Eric Schmidt), and many others in Silicon Valley, the pandemic is a golden opportunity to receive not just the gratitude, but the deference and power that they feel has been unjustly denied. And Andrew Cuomo, by putting the former Google chair in charge of the body that will shape the state's reopening, appears to have just given him something close to free reign.« theintercept.com/2020/05/08/andrew-cuomo-eric-schmidt-coronavirus-tech-shock-doctrine/):

50 »The only way we'll get completely back to normal is by having maybe not the first generation vaccines but eventually a vaccine that is super-effective AND that a lot of the people take, AND that we get the disease eliminated on a global basis. THAT is where we can finally start taking all the problems that have been created, in education and mental health and start to build back in a positive way.« Bill Gates zu Gast bei NBC Meet The Press, »We ›Don't Want Politicians Saying‹ Which Covid Drugs Should Be Approved« (11.10.2020). www.msn.com/en-us/news/politics/full-gates-you-dont-want-politicians-saying-which-covid-drugs-should-be-approved/vi-BB19Uteo

51 Siehe Betsy McKay, »Bill Gates has regrets«, Wall Street Journal, 11.05.2020; www.wsj.com/articles/bill-gates-coronavirus-vaccine-covid-19-11589207803:www.wsj.com/articles/bill-gates-coronavirus-vaccine-covid-19-11589207803 »for world leaders to »take what has been learned from this tragedy and invest in systems to prevent future outbreaks.« Die Vision zum PPB formuliert Frederick Kempe, CEO des eng mit Facebook und Gates zusammenarbeitenden Atlantic Council für CNBC: »The involvement of global governments would be essen-

tial [...]. The dream outcome would be that public and private sectors worldwide would join hands urgently in a multi-faceted and coordinated effort that would produce a truly »new world order« out of our existing Covid-19 chaos. [...] The PPB would represent an alliance of technology companies focused on advancing solutions to safeguard against future low probability, high consequence pandemics – either naturally occurring or manually designed. [...] The (PPB) board's flagship initiative would center around the concept of building an »immune system for the planet« that could detect a novel pathogen in the air, water or soil and rapidly sequence its DNA or RNA. This detection would then trigger rapid sequencing to fully characterize the pathogen. Once sequenced, high performance computers would strive to identify both the three-dimensional protein surfaces of either the virus or bacteria and then search through an index of known molecular therapies that might be able to neutralize the pathogen. [...] The exponential reduction of the time required to take on a biothreat agent would save lives, property and national economies. With advances in biosensors, the Internet of Things and high-performance computing, it's not so far-fetched to imagine real-time data collection to identify problems early and guide responses.«; www.cnbc.com/2020/05/16/op-ed-us-should-enlist-tech-companies-to-prevent-future-pandemic.html

52 GatesNotes Annual Letter, 27.01.2021 »As scary as it is to imagine, the next pandemic might even be the result of bioterrorism«. www.gatesnotes.com/2021-Annual-Letter

53 GatesNotes, 30.04.2020: »This time the warning ›Let´s get ready for the next pandemic‹ will be taken seriously«; www.gatesnotes.com/Health/What-you-need-to-know-about-the-COVID-19-vaccine. Bill hatte schon eine Woche vor diesem offiziellen Eintrag im Gespräch mit Stephen Colbert das »Alptraumszenario Bioterrorismus« selbst ins Spiel gebracht, allerdings auch gleich Hoffnung verbreitet »Most the work we´re gonna do to be ready for pandemic 2 – I call this pandemic 1 – most of what we´re doing to be ready for that are also the things we need to do to do to minimize the threat of bioterrorism.« Late Show with Stephen Colbert, Bill Gates: We Could See Early Results From Coronavirus Vaccine Trials This Summer, 24.4.20; www.youtube.com/watch?v=ipaP5zTVKKU

54 GatesNotes. Our 2021 Annual Letter. The year global health went local (27.01.2021): »The unfortunate reality is that COVID-19 might not be the last pandemic. We don't know when the next one will strike, or whether it will be a flu, a coronavirus, or some new disease we've never seen before. But what we do know is that we can't afford to be caught flat-footed again. The threat of the next pandemic will always be hanging

over our heads–unless the world takes steps to prevent it.« www.gates-notes.com/2021-Annual-Letter

55 Ebd.: »By the next pandemic, I'm hopeful we'll have what I call mega-diagnostic platforms, which could test as much as 20 percent of the global population every week. First, we need to spot disease outbreaks as soon as they happen, wherever they happen. That will require a global alert system, which we don't have at large scale today. If your sample turns out to be some super infectious–or entirely new–pathogen, a group of infectious disease first responders springs into action. Think of this corps as a pandemic fire squad. Just like firefighters, they're fully trained professionals who are ready to respond to potential crises at a moment's notice.«

56 Ebd.: »To learn how to best use these first responders, the world needs to regularly run germ games–simulations that let us practice, analyze, and improve how we respond to disease outbreaks, just as war games let the military prepare for real-life warfare.«

57 Ebd. »Stopping the next pandemic will require spending tens of billions of dollars per year–a big investment, but remember that the COVID-19 pandemic is estimated to cost the world $28 trillion. The world needs to spend billions to save trillions (and prevent millions of deaths). I think of this as the best and most cost-efficient insurance policy the world could buy.«

58 Zu Gründen und Wirkungen vgl. »Ode an Covid« (Arbeitsfassung, März 2020); www.erzähler.net/?p=2423

59 Nicolas Blome, Impfpflicht! Was denn sonst?, Spiegel online, 7.12.20; www.spiegel.de/politik/deutschland/impfpflicht-was-denn-sonst-a-2846adb0-a468-48a9-8397-ba50fbe08a68

60 Aussage der Kanzlerin im Interview-Format Farbe bekennen. (01.02.2021, ARD); www.ardmediathek.de/ard/video/farbe-bekennen/das-erste/ Y3JpZDovL2Rhc2Vyc3RlLmRlL2ZhcmJlJIlGJla2VubmVuLzQzMjQxNmY3LT-kyMTgtNDY2Zi1hYjI3LTc4MDQzYjgzNmNkOQ

61 Ausgewogene Kommentare zum Stern-Titel vom 20. Dezember 2020 finden sich unter www.corodok.de/impfen-ein-akt

62 Vertiefende Details und Änderungsvorschläge meinerseits, in die Diskussion eingereicht am 15.4.2017: www.rubikon.news/artikel/hurra-hurra-die-schulpflicht-brennt

63 Beispielhaft vorbildlich brachte dies auf den Punkt Wolfram Henn (1961), in Teilzeit als Humangenetiker kassenärztlich tätiges Mitglied des deutschen Ethikrates seit 2016 (www.ethikrat.org/mitglieder/wolfram-henn/), der in einem offenen Schreiben im Dezember 2020 forderte, Impfverweigerer sollten im Krankheitsfall auf alle Notfallmaßnahmen verzichten. Wer sich nicht impfen lassen wolle, sollte ein Dokument mit sich tragen, das

bestätige: »Ich will, wenn ich krank werde, mein Intensivbett und mein Beatmungsgerät anderen überlassen«. In die gleiche Solidaritätskerbe hatte bereits kurz zuvor der Schweizer »Gesundheitsökonom« Willy Oggier geschlagen: »›dass Corona-Skeptiker ihr Recht auf ein Akutbett oder einen Intensivplatz verwirken, falls es zu Engpässen kommt.‹ [...] Für die Wirkung einer solchen Einschüchterungspolitik zeigte Oggier Sympathien: ›Eine Signalwirkung muss doch nichts Schlechtes sein.‹ Man könnte die Leute nicht nur mit Boni locken, oft brauche es ›einen Malus, damit das System funktioniert‹.« www.tagesspiegel.de/politik/fast-vollauslastung-der-intensivbetten-in-der-schweiz-gesundheitsoekonom-will-dass-corona-skeptiker-nicht-mehr-behandelt-werden/26650256.html

64 de.wikipedia.org/wiki/Sch%C3%B6pferische_Zerst%C3%B6rung

65 Vgl. Adrian Lobe, Speichern und Strafen (Beck 2019), S. 149

66 Morgan Meaker, »The original Big Tech is working closer than ever with governments to combat coronavirus – with no scrutiny«, The Correspondent, 05.08.2020, am israelischen Beispiel: »Similar attitudes prevail around the world. Telcos are the main enabler of national and regional surveillance programmes designed to curb outbreaks of the coronavirus, but governments derive their authority to obtain data from legally binding regulations with the companies. According to The Correspondent's Tracked Together database, at least 30 countries are harvesting data from telcos to track the coronavirus spread.« thecorrespondent.com/621/the-original-big-tech-is-working-closer-than-ever-with-governments-to-combat-coro-navirus-with-no-scrutiny/81373317498-76dea099

67 Ebd. Firmen wie Vodafone (600 Mio. Kunden) verfügen über alle Bewegungsdaten ihrer Kunden, alle Anrufe, Seitenzugriffe, Kontakte. »If telcos don't push back against shutdowns which are widely condemned, it's hard to imagine they are likely to stand up to excessive data requests which governments seek to justify in the name of public health. The industry's central role in contact tracing and analytics means telcos can no longer hide from the scrutiny focused on Google, Facebook and Apple. It's time to wake up to the fact it's not only big tech that could do damage with our data.«

68 Der Bundestag hat am 28. Januar 2021 die Datenzusammenführung unter Verwendung der Steuer-ID als »Bürgernummer« beschlossen, gegen die Stimmen der Opposition und die Stimmen von Datenschützern. Vgl. z.B. Heise online, Vernetzte Register: Bundestag macht die Steuer-ID zur Bürgernummer; www.heise.de/news/Vernetzte-Register-Bundestag-macht-die-Steuer-ID-zur-Buergernummer-5040215.html

69 Betsy McKay, »Bill Gates has regrets«, Wall Street Journal, 11.05.2020; www.wsj.com/articles/bill-gates-coronavirus-vaccine-covid-19-11589207803

70 Lobe, a. a. O. S. 73

71 Ebd., S. 10

72 Ebd., S. 69 f

73 Vgl. Sven Böttcher, Rette sich, wer kann! (Westend 2019), S. 117 ff.

74 Lobe, a. a. O. S. 149

75 Siehe Channel 4 sowie Netflix. Dem hier beschriebenen Algorithmus lässt
    sich in Staffel 4 bei der Arbeit zusehen, unter dem Episodentitel »Hang
    the DJ«.

76 Stimmt, das ist »Minority Report«, Philip K. Dick hatte das, wie fast alles
    andere jetzt zeitnah Kommende, bereits in den Sechzigern niederge-
    schrieben, im Kilo billiger nachzulesen in seinen diversen Kurzgeschich-
    tensammlungen und Romanen, wahlweise als Verfilmungen von Mino-
    rity Report bis Total Recall, von Blade Runner bis Adjustment Bureau bis
    Truman Show (obwohl man PKD hier den Credit verweigerte, unerhört).

77 Lobe, a. a. O., S. 30

78 Van Rossum, a. a. O., S. 245.

79 350.org

80 www.weforum.org/agenda/2016/11/how-life-could-change-2030

81 Die Franklin zugeschriebene Aussage »Wer die Freiheit aufgibt, um
    Sicherheit zu gewinnen, wird am Ende beides verlieren« lautet tatsäch-
    lich: »Those who would give up essential Liberty, to purchase a little
    temporary Safety, deserve neither Liberty or Safety.« (Benjamin Franklin,   **167**
    11. November 1755; zit n. The Papers of Benjamin Franklin, Vol. 6, April
    1, 1755, through September 30, 1756, edited by Leonard W. Labaree,
    New Haven, Connecticut: Yale University Press, 1963). Eine kluge
    kurze Debatte hierzu findet sich bei klartext-jura.de: www.klartext-
    jura.de/2015/05/18/freiheit-und-sicherheit-was-benjamin-franklin-
    wirklich-sagte

82 Evgeny Morozov, Smarte neue Welt: Digitale Technik und die Freiheit des
    Menschen (Blessing 2013), S. 355

83 The Coronation, April 2020; charleseisenstein.org/essays/die-kronung

84 Nein, dies ist beileibe kein Tot-an-oder-mit-Covid-Streit-Buch. Wir
    können uns auch gern mit Doc D. darauf einigen, dass die Mit/An-Covid-
    Sterberate bei über 85-Jährigen im Bereich der Sterberaten von mittel-
    alterlichen Pockenopfern liegt (75–90 Prozent), aber wollen nicht
    vergessen, dass Doc D. damit die kleine Gruppe der erkrankt Inten-
    sivbehandelten meint und auch hier die amtlichen Mortalitätszahlen
    »nur« eine Sterblichkeit von 40 Prozent ausweisen (nicht 90 Prozent).
    (Vgl. www.ncbi.nlm.nih.gov/pmc/articles/PMC7445392/). Übertrei-
    bung ist die Mutter der Porzellankiste, es geschieht ja alles zu einem
    gutgemeinten Zweck. Realistischer, ohne jedoch zu verniedlichen, stellt
    sich die Lage so dar (Januar 2021): »Die epidemiologische Situation

ist weiterhin bedrückend. [...] Die Risiken der Infektion sind jedoch extrem ungleich verteilt, die relative CoViD-19-assoziierte Sterblichkeit (bezogen auf die Größe der Alterskohorten) liegt in der Alterskohorte über 90 Jahre in der 52. KW bei 17 Prozent, zwischen 80 und 89 bei 13 Prozent sowie zwischen 70 und 79 Jahren bei 6,5 Prozent, demgegenüber für die unter 40jährigen nur zwischen 0,002 und 0,09 Prozent. Bevor wieder Einzelfallberichte vorgetragen werden, die das Gegenteil beweisen sollen: natürlich gibt es auch Todesfälle und schwere Krankheitsverläufe unter den Jüngeren, aber in der Abwägung in einer epidemischen Situation, in der guter Rat extrem teuer ist, muss es Grundlage des Handelns sein, dort anzusetzen, wo das Problem – mit Abstand! – am größten ist. Und: wenn wir mehrere Millionen von Personen mit anderen Erkrankungen mit ähnlicher Altersverteilung zum Vergleich heranziehen – auch dort gibt es Opfer unter den Jüngeren, das macht (hier wäre der Begriff richtig) die »Biologie« einer (Infektions-)Erkrankung aus.« (Matthias Schrappe et. al., Thesenpapier 7 Die Pandemie durch SARS-CoV-2/CoViD-19, 10.01.2021, S. 10/11; www.matthias.schrappe.com/index_htm_files/Thesenpap7_210110_endfass.pdf); Wir sind uns aber trotzdem einig, dass nicht jeder 80–100-Jährige, der an Covid erkrankt, daran/damit stirbt? Wir sind uns sogar einig, dass die Mehrzahl der im hohen Alter, auch weit jenseits des Erreichens jeder »durchschnittlichen Lebenserwartung« an Covid Erkrankenden – überleben? Sowie etwa 99,98 Prozent der unter 65 an/mit Covid-Erkrankenden? Na, dem Himmel sei Dank.

85 Vgl. »Das objektiv bewertete Corona Risiko«, Sumymus, 3-9-2020. Eine wirkliche und nachvollziehbare statistische Differenzierung nebst Annäherung an die Antwort auf die Frage »Wie viele Menschen sterben denn wirklich zusätzlich an/mit Covid?« ist nicht leicht zu finden, Sumymus liefert keine endgültige Antwort, wohl aber, anders als das RKI und der massenmedial allesverkürzende »Fach-Schurnalismus«, vernünftige und nachvollziehbare Denkansätze; blog.sumymus.de/das-objektiv-bewertete-corona-risiko

86 Vgl. influenza.rki.de/Wochenberichte/2020_2021/2020-51.pdf sowie apps.who.int/flumart/Default?ReportNo=6

87 Zur problematischen Bewertung der Übersterblichkeit dient als guter und ständig aktualisierter Ausgangspunkt z. B. ourworldindata.org/excess-mortality-covid

88 ourworldindata.org/births-and-deaths

89 Definition: »Wenn dieser Job nicht existierte, würde es entweder keinen Unterschied machen oder die Welt würde sogar ein besserer Ort sein.« (David Graeber) Was ich in meinen Texten schlicht unter »Zettelsortierer«

zusammenfasse, hat Graeber viel seriöser kategorisiert, von Lakai bis Schläger, von Flickschuster bis Kästchenankreuzer, von Aufgabenverteiler bis Erbsenzähler. Merke hierbei: Ein Bullshitjob ist kein Scheißjob. Scheißjobs werden schlecht bezahlt, müssen aber erledigt werden. Bullshitjobs werden gut bezahlt, müssten aber nicht erledigt werden, sondern existieren als Selbstzweck bzw. nur zum Nutzen des BIP, nicht zum Nutzen irgendwelcher Menschen.

90 Leseempfehlung: Lisa Polotzek, »Auf Öl und Träumen gebaut: Wie real ist die Realwirtschaft?«, Agora42, 01/2021, S. 15 ff.

91 Schwab, a. a. O., S. 93

92 Geprägt im September 2011 in Berlin, »Wir leben ja in einer Demokratie und sind auch froh darüber. [...] Insofern werden wir Wege finden, die parlamentarische Mitbestimmung so zu gestalten, dass sie trotzdem auch marktkonform ist, also dass sich auf den Märkten die entsprechenden Signale ergeben.« archiv.bundesregierung.de/archiv-de/dokumente/pressestatements-von-bundeskanzlerin-angela-merkel-und-dem-ministerpraesidenten-der-republik-portugal-pedro-passos-coelho-848964

93 Sollte Douglas Rushkoffs »Team Human« das »Team Mensch« wegen Verwechslungsgefahr böse angucken, verstecken wir uns einfach (nicht hinter unseren Anwälten, sondern ganz) und taufen uns um, allerdings nur heimlich. Offiziell bleiben wir Team Mensch, denn wir sind ja gar nicht offiziell. Sollte der Diözesanverband Aachen (www.dpsg-ac.de/themen/team-mensch/) der Ansicht sein, dass es Team Mensch nur in Aachen geben darf, nicht bundes- oder weltweit, schicken wir Abgesandte mit Kaffee und Kuchen und finden eine Lösung. In Freundschaft und Menschlichkeit.

94 Vgl. Sven Böttcher/Mathias Bröckers, Die ganze Wahrheit über alles (Westend 2016), S. 30 ff.

95 Schwab, a. a. O., S. 66

96 Ebd., S. 68

97 Der CO_2-Ausstoß pro Menschenkopf beträgt zwischen 165 und 2.100 Kilogramm pro Jahr. Sofakartoffeln dürfen in der schönen neuen Welt ggf. bleiben, solange sie nur liegen und nicht fernsehen (die helle Platte produziert auch CO_2, bei der Herstellung wie im Betrieb). Das Fass »Exakter Anteil des Menschen an der Erderwärmung« machen wir hier nicht auf.

98 Siehe die wohl beste, erhellendste Faktensammlung der Welt in Gestalt der Katapult-Forschungen: 100 Karten, die deine Sicht auf die Welt verändern (Hoffmann und Campe 2019), S. 66

99 Vgl. Böttcher/Bröckers, Die ganze Wahrheit über alles, S. 80 ff. Etwa 30 Prozent der von uns produzierten Treibhausgase gehen auf die Konten von Landwirtschaft und Fleischproduktion.

100 Vgl. Yuval Noah Hararis bemerkenswerte Betrachtung »Der größte Betrug der Geschichte« in Eine kurze Geschichte der Menschheit (DVA 2013), S. 101 ff.

101 Richtig: Die 10 Prozent, die »alles« besitzen, besitzen lediglich 90 Prozent. So gesehen ist die Formulierung natürlich unscharf, aber für Feinheiten ist ja anderswo etwas mehr Platz, zum Beispiel ebd., S. 227 ff.

102 Ebd., S. 245

103 Die Behauptung, Bill, Melinda und die WHO hätten kenianischen Frauen HCG in Tetanus-Impfspritzen untergejubelt, geht zurück auf einen Artikel aus dem September 2017 (Oller Jr., J. W., Shaw, C .A., Tomljenovic, L., Karanja, S. K., Ngare, W., Clement, F. M. and Pillette, J. R. (2017), »HCG Found in WHO Tetanus Vaccine in Kenya Raises Concern in the Developing World«, OpenAccessLibraryJournal, 4: e3937.doi.org/10.4236/oalib.1103937). Die Untersuchung nahmen Oller et. al. vor, weil die WHO selbst bereits 1993 eine »Geburtenkontrollenimpfung« angekündigt hatte. (»In 1993, WHO announced a birth-control vaccine' for ›family planning‹. Published research shows that by 1976 WHO researchers had conjugated tetanus toxoid (TT) with human chorionic gonadotropin (hCG) producinga«birth-control« vaccine.« Die Schlussfolgerung von Oller et. al., Gates-Stiftung und WHO hätten diesen gewünschten Impfstoff je eingesetzt, darf als widerlegt gelten (correctiv; correctiv.org/faktencheck/2020/05/18/bill-gates-angebliche-impfverbrechen-im-faktencheck/), der Wunsch nach einem Nichtkinderwunschimpfstoff hingegen ist natürlich nicht widerlegt. Bei freiwilliger Verabreichung wäre ein solcher Stoff aber auch nur genauso verwerflich oder eben nicht verwerflich wie jede andere Form der Geburtenkontrolle, sprich: Verhütung. Und dass irgendwer jemals planen könnte, Frauen so was gegen ihren Willen zu spritzen oder ihnen Antibabypillen ins Müsli zu mischen, ist natürlich völlig absurd, auf so was könnten ja nur Vollirre kommen.

104 Die Gesamtgeburtszahl liegt bei etwa 140 Mio. per anno, Tendenz langsam fallend, prognostiziert sind 125 Mio. für 2099, die Gesamttodeszahl liegt bei etwa 60 Mio. per anno, Tendenz steigend, nicht wegen Corona (Anteil 0,006 Prozent, Stand Juni 2020), sondern wegen des zunehmenden Durchschnittsalters der Weltbevölkerung. Für 2099 sind 120 Mio. Tote per anno. prognostiziert. Der derzeitige Bevölkerungszuwachs liegt bei global etwa 80 Mio. per anno. Siehe exemplarisch: Hannah Ritchie, »How many people die and how many are born each year?«, 11.09.2019; ourworldindata.org/births-and-deaths

105 Stephen Emmott, 10 Millarden (Suhrkamp 2014). Emmott, seit 2014 Leiter des MS-Forschungsbereichs Wissenschaftliches Rechnen in Cambridge, beendet seine beeindruckende Faktensammlung mit der Antwort eines

seiner Forscher, eines jungen, nüchternen und klugen Mannes, dem er die Frage stellt, was er nach Lage der Dinge tun würde, könnte er nur noch eine einzige Sache tun. Die Antwort des klugen, nüchternen Wissenschaftlers lautet: »Ich würde meinem Sohn beibringen, wie man mit einem Gewehr umgeht.«

106   Generell eine heilsame, allmorgendlich binnen 30 Sekunden Dankbarkeit und Demut vergrößernde Adresse ist: www.worldometers.info/de

107   »After covid-19, leaders will prepare institutions to prevent the next pandemic. [...] (These) will also prepare us should a bad actor create an infectious disease in a home-made lab and try to weaponise it. By practising for a pandemic, the world will also be defending itself against an act of bioterrorism.« Bill Gates: »The world after covid-19. On how to fight future pandemics«, The Economist, 23.04.2020; www.economist.com/by-invitation/2020/04/23/bill-gates-on-how-to-fight-future-pandemics

108   Im Russell-Einstein-Manifest heißt es weiter: »Wenn Ihr das vermögt, dann öffnet sich der Weg zu einem neuen Paradies. Könnt Ihr es nicht, dann droht Euch allen der Tod.« Im Haupttext ist dieser Satz nur unterschlagen, weil er dort als echte Spaßbremse den Lesefluss gestört hätte. Dass Russell, Einstein und ihre Mitunterzeichner einst im Schatten der Wasserstoffbombe mahnten, ist indes grundsätzlich unerheblich, denn die KI-Bombe droht der Menschheit sogar noch gründlicher mit der Auslöschung als die damalige.

109   Platzhalter. Der Begriff »Gott« ist nach Belieben zu ersetzen durch den eigenen Lieblingsgott, den Kosmos, den Äther, das Schicksal oder sonst wen oder was, der/das größer ist als wir und sich unserem Begreifen wie unserer Beeinflussung entzieht.

110   Ivan Illich, Die Nemesis der Medizin (zit. n. Beck 1995, 5. Aufl. 2007, S. 196)

111   Spiegel, 20.01.2020: www.spiegel.de/wissenschaft/medizin/corona-sprechen-kann-genauso-gefaehrlich-sein-wie-husten-wegen-der-aerosole-a-639c3daa-d167-430c-9e0e-8197bbd4a199?utm_source=pocket-newtab-global-de-DE

112   Bei Interesse an den Details (und/oder Zweifel) beginne man die Lektüre zum tatsächlichen Wesen des Menschen bevorzugt mit Rutger Bregmans Humankind (Bloomsbury 2020, dt. Im Grunde gut), Michael Schmidt-Salomons Hoffnung Mensch (Piper 2014) und Andreas von Westphalens Die Wiederentdeckung des Menschen (Westend 2020).

113   Immanuel Kant (1784), »Beantwortung der Frage: Was ist Aufklärung?«, Berlinische Monatszeitschrift, 2. Band, S 513 ff.; ds.ub.uni-bielefeld.de/viewer/image/2239816_004/513

114   Aus aktuellem Anlass sei der grundsätzlichen Freiheitserklärung hinzugefügt: Es steht dem Einzelnen eben auch zu, sich für sein Schicksal zu

entscheiden, auch und gerade in Sachen Gesundheitsfürsorge gilt: »Wer sich für eine Therapie entscheidet, verliert den Anspruch auf Schicksal. Das will bedacht sein.« (Gerd Reuther) Auch die Entscheidung gegen das Schicksal in Form von Therapie oder Impfung ist jedem gestattet. Wenn jemand im Vollbesitz seiner geistigen Kräfte und umfassend aufgeklärt meint, eine Therapie nütze ihm, dem Menschen, möge er die Therapie wählen. Oder eine Impfung, egal, welche. Die Freiheit des sein Schicksal Abwählenden erstreckt sich indes keinesfalls bis in den Körper des potenziell ihn qua Erkrankung gefährdenden anderen. (Wir können hier vernachlässigen, dass eine Impfung den Geimpften schützt, andernfalls sollte er sie gar nicht vornehmen lassen, daher kann der Ungeimpfte den Geimpften nicht gefährden). Um so wichtiger ist aber in diesem schicksalhaften Zusammenhang, dass auch das Recht auf Selbstbeschädigung bis hin zur freien Ausfahrt aus dem Leben unter Freiheit fällt. Die Gemeinschaft kann und wird (dem Menschen dienend) ethisch oder wissenschaftlich fundierte Hinweise und Warnungen aussprechen und ihn aufklären (»Nimm dich mal selbst in den Arm«, »Don´t smoke/drink«, »Länge des Bungeeseils überprüfen«), aber sie wird keine Verbote aufstellen, solange der Leichtsinnige nur sich selbst zu schaden oder umzubringen droht. Dinge, die auch das Leben anderer nachweislich und grundlos zu gefährden drohten, wird indes ohnehin jeder unterlassen, das ergibt sich ja wohl schon von selbst aus den eisernen Regeln auf unserer Fahne.

172

115 Das Infektionsschutzgesetz besteht bei Vorliegen einer »epidemischen Lage von nationaler Tragweite«, deren Vorliegen der bundestagshauseigene Gutachter Prof. Kingreen auf Anfrage der FDP-Fraktion mehrfach verneinte; www.bundestag.de/resource/blob/711094/b9a4cf52e-94d8add55525142b5c8bd5c/19_14_0197-2-Prof-Dr-Kingreen-data.pdf?fbclid=IwAR3pnYSvMn5fwFu_PPoJw7nsLZ5xos2BgB2df3EBIa-S_gw3ahh36_onWEc. Das hindert die rotschwarzgrüne Allianz aber an nichts, es geht ja auch ohne Grundlage, wenn man sich erst mal gründlich festgelogen hat. Daher riskiert, wer gegen die angeordneten Lockdown-Betriebsschließungen verstößt, zunächst Polizeieinsätze gegen sich zwecks Verhinderung der Öffnung, sodann eine Geldbuße bis zu 25.000 €, ferner eine Untersagungsverfügung durch das Gewerbeamt wegen »Unzuverlässigkeit«, ferner – möglich – eine Kündigung durch seinen Vermieter wegen Verstoßes gegen den Gewerbemietvertrag. Beamte und Uniformierte sind dennoch nicht so gefährlich wie Paniker und Uninformierte, die einen umbringen, weil man angeblich wegen der Öffnung Oma Ursel gefährdet oder den Frühlingsbesuch bei Herrn Ballermann verhindert hat. Gefühlt. Gedacht wird da nicht. (Mit Dank an RA Beate Bahner für die sachdienlichen Hinweise im Januar 2021).

116 Eine schöne, zum Einstieg ins Thema geeignete Faktensammlung zu
Microsofts Lobbyarbeit und zur Verbreitung proprietärer Anwendungen
in allen »missionskritischen« Verwaltungsbereichen findet sich in der
Lobbypedia (lobbypedia.de/wiki/Microsoft): »Microsoft hat es nicht nur
geschafft, auf dem freien Markt eine Vormachtstellung für sein Betriebssystem zu erlangen, sondern baut stetig seine Monopolstellung innerhalb der Deutschen und Europäischen Verwaltungen und Regierungen
mit gezieltem Lobbyismus aus. Expert:innen sprechen hier von einem
sogenannten »Lock-In«. Dies bezeichnet eine Situation, in der ein Akteur
nur noch mit einer bestimmten Firma Geschäfte machen kann, da sich
andere Optionen verschlossen haben. Da digitale Systeme ständig
wachsen und immer unabdingbarer werden, geraten Staaten immer
tiefer in die Abhängigkeit von Konzernen wie Microsoft. In Folge dieses
Arrangements erhält der Konzern oftmals politisches Mitspracherecht
und diktiert nicht selten die Vertragsbedingungen, da z. B. tausende
Spezialprogramme der Finanzämter und anderer Behörden an Microsoft gebunden sind. [...] Martin Schallbruch, der bis 2016 Abteilungs-
leiter für Informationstechnik und Cybersicherheit der Bundesregie-
rung war, sieht Probleme, die sich in Zukunft noch verstärken werden:
»Kontrollfähigkeit und Steuerungsfähigkeit des Staates im Hinblick auf
seine eigene IT nimmt immer weiter ab.« Eine Trennung von staatlicher   **173**
Verwaltung und Microsoft verschwimmt zunehmend.« Zur aktuellen
Lage (2/2021) s. Stefan Krempl, Bund: Microsoft-Kosten seit 2015 fast
vervierfacht auf 178 Millionen Euro, Heise 06. 02. 2021; www.heise.de/
news/Bund-Microsoft-Kosten-seit-2015-fast-vervierfacht-auf-178-
Millionen-Euro-5047929.html?wt_mc=rss.red.ho.ho.rdf.beitrag.beitrag

117 Beispielsweise: www.tagesspiegel.de/berlin/polizei-loest-versammlung-
vor-laufender-kamera-auf-corona-verharmloser-streamen-parteigruen-
dung-in-berliner-bar/26819364.html

118 Dmitry Orlov, Die Lehre vom Kollaps. Die fünf Stufen des Zusammenbruchs und wie wir sie überleben. (Brennende Bärte 2020)

119 Zugegeben, eigentlich müsste diese mächtige, jenseits aller Staatsmacht
operierende Allianz der vier apokalyptischen Reiter Google, Amazon,
Facebook und Apple um Microsoft auf »The Five« statt »The Four« (Scott
Galloway) erweitert werden, aber GAFAMisten nähme doch dem Kose-
namen einiges von seinem Charme.

120 Die Motivvorlage für den »Team-Mensch«-Himbeerbutton findet sich
ab März zum Gratis-Download auf erzähler.net.

121 Mir erscheint Christian C. Walthers Analyse »Der zensierte Tag und die
Folgen« (S. 257ff.) noch immer überaus lesenswert (in: Der zensierte
Tag: Wie man Menschen, Meinungen und Maschinen steuert, Heyne

2004), aber ich gebe zu, dass ich diesbezüglich ein bisschen voreingenommen bin.

122 Vgl. Marcus B. Klöckner, Sabotierte Wirklichkeit. Oder: Wenn Journalismus zur Glaubenslehre wird (Westend 2019), S. 31 ff.

123 Ein für 20 Euro über den Buchhandelsverkaufstisch gehendes Buch bedeutet Einnahmen von 7 Prozent (temporär 5 Prozent) des VK-Preises für den Staat, etwa 60 Prozent des Restbetrages gehen an den Zwischen- und Endhandel. Aus den verbleibenden Einnahmen gehen (in diesem Beispiel) etwa 2 Euro pro verkauftem Buch an den Autor, der daran sicher ein halbes Jahr gearbeitet hat, mit dem Rest, also etwa 5,50 Euro pro verkauftem Buch, bestreitet der Verlag seine Fixkosten von Personal bis Miete bis Gas und Strom, aber auch Lektorat, Korrektorat, evtl. juristische Überprüfung des Textes sowie Gestaltung, Satz und die Herstellung (Druck) des Buches, überdies die geeignete Kommunikation des Umstandes, dass es das Buch überhaupt gibt (im Volksmund: Werbung).

124 kenfm.de/sendungen/positionen

125 www.fairtalk.tv

126 Anders als die meisten Notenbanken ist die FED keine staatliche Institution. Sie besteht aus dem Federal Reserve Board und zwölf regionalen Notenbanken, die wiederum Geschäftsbanken gehören. Auf gut Deutsch: Der US-Staat hat keine Aktien in der FED. Welche Banken genau die Eigentümer sind, wie groß deren Anteile an den jeweiligen regionalen Notenbanken sind – das weiß man nicht, das fällt unter »Bankgeheimnis«.

127 Bill besitzt via schicker Firmenkonstrukte ungeheure landwirtschaftliche Flächen (270.000 Acres in den USA). Das finden aber nur neidische Verschwörungstheoretiker befremdlich. Vergl. Eric O'Keefe, Bill Gates: America's Top Land Owner (Farmland Report 11.1.2021; landreport.com/2021/01/bill-gates-americas-top-farmland-owner/). Größter Großgrundbesitzer der US of A ist Bauer Bill aber nicht, bei Spielwäldern und Ranches liegen andere Milliardäre deutlich vorn, von John Malone (Liberty Media, 2,2 Millionen Acres) bis Jeff Bezos (Platz 25 mit ausreichend Auslauf in Texas, 420.000 Acres); vgl. Ariel Shapiro, Forbes, 15.01.2021; www.forbes.com/sites/arielshapiro/2021/01/14/americas-biggest-owner-of-farmland-is-now-bill-gates-bezos-turner/?sh=10a6809c6096

128 Keine Empfehlung hysterischer Spinner, sondern der gute Minimalrat des Bundesamtes für Bevölkerungsschutz und Katastrophenhilfe. www.bbk.bund.de/DE/Ratgeber/VorsorgefuerdenKat-fall/Pers-Notfallvorsorge/Lebensmittel/lebensmittel_node.html

129 Leseempfehlung (bei Kerzenlicht): Marc Elsberg, Blackout – Morgen ist es zu spät (Roman, Blanvalet 2012)

130 Z. B. James Wesley Rawles, How to Survive the End of the World as we know it (Plume 2009), Lewis Dartnell, Das Handbuch für den Neustart der Welt (Hanser Berlin 2014), Gerhard Buzek, Das große Buch der Überlebenstechniken (Nikol 2016)

131 Böttcher/Bröckers, Die ganze Wahrheit über alles, S. 71 ff.

132 Paul Schreyer hat nicht nur ein exzellentes Buch über Covid geschrieben (Chronik einer angekündigten Krise, Westend 2020), sondern auch ein exzellentes Buch über Geld (Wer regiert das Geld? Banken, Demokratie und Täuschung, Westend 2016).

133 Nichts gegen Affen! Und nichts gegen Trigema und Herrn Grupp! Im Gegenteil – das war und ist eine Leistung, hier, zu Hause, Shirts herzustellen und nicht in Bangladesch. Über Geschmack kann man ja streiten, das gehört zur Demokratie dazu!

134 Zugegeben, »Nichts für ungut, Jeff« ist natürlich niedlich, aber in diesem schmalen Text können wir nicht geeignet beschreiben, wie wir auch die CIA loswerden und das von denen mitkontrollierte aws. Team Mensch geht aber davon aus, dass die CIA im hier beschriebenen Moment auch anderswo alle Hände voll zu tun haben wird und daher keine Zeit haben wird, im Team Mensch wirksam aufzuräumen. (Das geht sowieso nicht, denn hinter jedem Teammenschen stehen ja tausend andere, die seinen Job sofort übernehmen können und das im Ernstfall auch sofort tun).

135 Sven Böttcher, Quintessenzen (Ludwig 2013), S. 26ff.

136 Assistierend springt Keynes gern Rutger Bregman zur Seite, zum Beispiel hier: Ann-Kathrin Nezik, »Warum 15 Stunden Arbeit pro Woche für ein gutes Leben ausreichen«, Der Spiegel, 04.01.2019; www.spiegel.de/panorama/warum-15-stunden-arbeit-pro-woche-fuer-ein-gutes-leben-ausreichen-a-00000000-0002-0001-0000-000161665792

137 Als Gedanken-Jumpstation zu dieser Idee diene David van Reybroucks Wiki-Eintrag, alle Kommentare finden sich im Netz, siehe z. B. Alan Posener, »Schafft die Wahlen ab, es ist besser, zu würfeln!«, Die Welt, 08.08.2016; www.welt.de/kultur/article157522068/Schafft-die-Wahlen-ab-es-ist-besser-zu-wuerfeln.html

138 www.bundesfinanzministerium.de/Content/DE/Bilderstrecken/Infografiken/2020-09-23-bundeshaushalt-2021-finanzplan-bis-2024/01.html

139 »Bill Gates on how to fight future pandemics«, The Economist, 23.04.2020; www.economist.com/by-invitation/2020/04/23/bill-gates-on-how-to-fight-future-pandemics

140 Button-Druckvorlage auf erzähler.net, vielleicht bietet auch der Harlekinshop.com was für Nichtbastler an. (Wir arbeiten dran, nach hiesigem Redaktions- und Lektoratsschluss.)

www.rubikon.news